国家出版基金项目
NATIONAL PUBLICATION FOUNDATION

書評研究

蕭乾◎著

山西人民出版社
山西出版傳媒集團

圖書在版編目(CIP)數據

書評研究 / 蕭乾著. —太原: 山西人民出版社,
2014.11
(近代名家散佚學術著作叢刊 / 許嘉璐主編)
ISBN 978-7-203-08683-3

Ⅰ. ①書… Ⅱ. ①蕭… Ⅲ. ①書評—研究
Ⅳ. ①G256.4

中國版本圖書館 CIP 數據核字(2014)第 206178 號

書評研究

主　　編　許嘉璐
著　　者　蕭　乾
責任編輯　梁晉華

出 版 者　山西出版傳媒集團·山西人民出版社
地　　址　太原市建設南路 21 號
郵　　編　030012
發行營銷　0351-4922220　4955996　4956039
　　　　　0351-4922127(傳真)　4956038(郵購)
E-mail　sxskcb@163.com　發行部
　　　　　sxskcb@126.com　總編室
網　　址　www.sxskcb.com

經 銷 者　山西出版傳媒集團·山西人民出版社
承 印 廠　山西出版傳媒集團·山西人民印刷有限責任公司

開　　本　700mm×970mm　1/16
印　　張　13.5
字　　數　120 千字
印　　數　1—3000 冊
版　　次　2014 年 11 月　第 1 版
印　　次　2014 年 11 月　第 1 次印刷
書　　號　ISBN 978-7-203-08683-3
定　　價　30.00 圓

《近代名家散佚學術著作叢刊》編委會

出版説明

近代名家散佚學術著作叢刊選取一九四九年以後未再刊行之近代名家學術著作共一百二十册，編例如次：

一、本叢書遴選之著作在相關學術領域具有一定的代表性，在學術研究方向、方法上獨具特色。

二、爲避免重新排印時出錯，本叢書原本原貌影印出版。影印之底本皆經專家組審定，原書字體大小，排版格式均未做大的改變，原書之序言、附注皆予保留。

三、本叢書分爲八大類，以作者生卒年編次。

四、爲使叢書體例一致，本叢書前言後記均采用繁體字排版。

五、個别頁碼較少的版本，爲方便裝幀和閱讀，進行了合訂。

六、少數學術著作原書内容有個别破損之處，編者以不改變版本内容爲前提，部分進行修補，難以修復之處保留缺損原狀。

七、原版書中個别錯訛之處，皆照原樣影印，未做修改。

八、所選版本之抽印本頁碼標注，起始至所終頁碼均照原樣影印，未重新編排標注新頁碼。

由於叢書規模較大，不足之處，殷切期待方家指正。

總序／披沙瀝金，以爲鏡鑒

◇許嘉璐

多年來有一個問題始終在我腦中盤桓：爲什麼在十九世紀末到二十世紀初，在短短的幾十年裏，中國的各個學術領域竟涌現了那麼多大師級的人物？這是中國近代史上一個極爲重要的現象，我認爲，如果不能給出令人滿意的答案，我們撰寫的近代學術史將是不完整的，甚至是缺乏靈魂的。後來我知道，著名人類學家克羅伯曾提出過一個問題：爲什麼天才成群地來？看來這種現象的出現並非中國所獨有，思考其所以然的也大有人在。而在那一次世紀之交中國的情況，似乎應驗了「天才成群地來」這個令克氏久久不解的疑問。錢學森先生曾從相反的方向提出了相同的疑問：爲什麼我們這個時代出現不了杰出人才？後來人們稱這個問題爲「錢學森之謎」。

要回答這些疑問不是件容易的事。與其迅速地囫圇地探尋，不如先多了解那些讓中國近代學術（應該包括人文科學和自然科學）史上閃耀着光輝的大師們的作品和自述，從而在腦海里盡量「復原」他們所處的環境和在那種環境下的心理路徑，從中或許可以得到一些啓示。

有一點是顯然的，這就是他們雖然都已遠離塵世而去，但是他們獨立思考的品性、求知治學的真誠、困厄窮愁中對節操的堅守，恐怕是他們共同的主觀因素，一直影響到現在，而且將會永遠留存下去。

就思想界、學術界而言，二十世紀上半葉是一個新説和舊説碰撞，中學和西學融匯的大時代。那時的學人極爲重視言行操守，同時具備現代知識分子的理想信念；他們的學術研究十分純净，絶少功利因素；他們的視界開闊，以包容的心態和嚴謹的風格造就了成果的大氣與厚重。至於在客觀因素一面，他們實際是在用工業化時代的事實解説着太史公所説的名山之作「大抵聖賢發憤之所爲作」，困厄苦難使得他們「皆意有所鬱結」。這種鬱結，幾乎和個人的名利毫無牽涉，他們永遠不能釋懷的，是民族的存亡、國運的興衰、民衆的福禍和文脈的續斷。

那個時代也是近代歷史上最大規模的中西古今學術調適、創新的時期，學術方法上的交互滲透和融合、創新亦可謂「於斯爲盛」。斯時之學人是要在封閉的屋墻上鑿出窗子的勇士，是使人能够看看外部世界的第一批導夫先路者；或者可以説，他們是在「意有所鬱結」時「彷徨」和「吶喊」的「狂人」。

相對於那時的哲人們，後來者是幸運兒。現在的形勢是，近三十年來學界空前繁榮，衆多學科有了長足之進，其中很重要的一點是學界有了更新穎、更廣闊的國際視野，似乎接續上了百年前的學壇盛事。但細想，「古」與「今」還是有差别的。其异，主要不在於世界情勢、學術進展、工具改善這些客觀存在，而在於在廣泛吸收各國優長的同時，自身文化的主體性越來越受到重視，换言之，「拿來主義」已經延長了「拿來」的程序，加上了試用、甄别、篩選、吸收、融合、成長。就我孤陋所見，在當今地球上，面向所有異質文明，努力汲取我之所缺，其範圍之大和心態之切，似乎無出中國之右者。從這個角度説，我們已經超越了前輩。但是事情還有另外一面，學術，特别是人文學科，其職業化、「沙龍化」和功利性，以及隨之而來的浮躁病却嚴重了。從這個角度説，是不是我們已經後退得够可以的了？而這是不是我們這個時代出不了大師的原因之一呢？

民國學術界的特點之一是極爲注重對傳統的反省、批判與繼承。他們對傳統文化盡最大的努力進行整理和研究。一方面，由於戰亂頻仍，民不聊生，學者們擔起了讓中華文化薪火相傳的歷史責任；另一方面，他們要通過對中國傳統文化的整理，挖掘來重振民族自信心。這一時期對傳統文化進行整理的全面而深入是前所未有的，舉凡文字學、語言學、經濟學、法學、哲學、政治制度、書法繪畫、金石學……規模之宏大，研究之精微，令人嘆爲觀止。

民國學術推動了現代學科體系的建立。在對傳統文化整理和研究的基礎上，吸收西方的文化思想和理念，推動和建立了中國現代學科體系。例如，在對語言文字和音韵學成果進行整理、研究的基礎上開始着手規範之，建立了國語學；深入研究書法、國畫，將其融入了現代美術學科；在廢除舊有學制後逐步建立起小、中、大學較完整的科目和學科體系。

民國學術也改變了傳統學術方式，建立了新的研究範式。以現代科學考古爲發端，科研的實踐和成果使中國知識界真正認識到在實驗、比較基礎上的邏輯分析對學術研究的重要，推進了中國學術的一大演變。至於我們常説的打破士大夫傳統、走出書齋到田野鄉村和市民中進行調查研究、結束了經學時代、以歷史眼光檢視儒學和諸子等等，都是確立新學術範式的努力。這一轉變，也標誌着中國學術界脱胎換骨，全面進入了現代，爲此後的學術發展奠定了堅實的基礎。當然，西方啓蒙運動以來，在「現代性」和「現代化」裏潛伏着的缺陷和謬誤也傳到了中國，這些不能不在前哲的著作裏留下痕迹。這並不奇怪。類似的情況，古往今來孰能免之？猶如今天的我們，誰敢自稱我之所見就是永恒的真理？在這個問題上兩個時代所異者，或許就在昔時大家創立新説或譯註西學著作，往往是懷着對學術和前哲的敬畏而爲之，故而常常誤不在我；當今則往往出於對學問和他人的輕蔑，或以所研究的對象爲謀己的工具，因而難辭主觀之咎吧。翻閲他們的心血之作，這些復雜的狀況可以顯見，可以視之爲我們的一面鏡子。

滄海桑田，世事變幻，歷史的動盪和時代的遮蔽，使當年許多大師的一些極有價值的學術著作被棄於故紙堆中，不能不令人有遺珠之憾。爲此，山西人民出版社不惜以數年之艱辛，披沙瀝金，編輯出版這套近代名家散佚學術著作叢刊，凡一百二十册，計文學、史學、政治與法律、美學與文藝理論、民族風俗、宗教與哲學、經濟、語言文獻共八大類别。所選皆爲作者之純學術著作，無論是其見解、精神，抑或是其時代烙印，都是後輩學人可資借鑒的寶貴財富。他們出版這套叢書，意在讓世人不忘來程，知篳路藍縷之不易，爲民族文化的傳承再增薪木。

出版社的初衷，與我近年來所思所慮近似，故願略述淺見於書端，以與策劃者、編輯者和讀者共勉。

二〇一四年七月六日
改定於自安東回京途中

前言／

猛回頭，那支支紅燭

——二十三種民國文學研究著作概覽

◇梁歸智

「視爾夢夢，天胡此醉？於時處處，人亦有言！」

此聯乃北京宣南（宣武門外舊城區）北半截胡同四十一號中「莽蒼蒼齋」楹聯。齋主何人乎？即戊戌變法失敗而捐軀之「六君子」中翹楚譚嗣同字復生號壯飛者也。慈禧太后發動政變，逮捕維新黨人，友人勸譚嗣同逃避，他堅辭曰：「外國變法未有不流血者，中國變法流血請自嗣同始。」乃於一八九八年九月二十四日被捕，繼而遇害於菜市口。臨刑前仍大呼曰：「有心殺賊，無力回天；死得其所，快哉！快哉！」

自此而後，果然爲變法——改變社會制度而流血不止，一九一一年十月十日辛亥革命成功，中國歷史上最後一個封建王朝被推翻，一九一二年一月一日中華民國成立。然餘波未息，新瀾迭起，袁世凱竊國，張勛復辟，北洋軍閥混戰，國民黨軍北伐，中國共産黨成立，國共争鋒，時而合作，時而破裂，日本入侵，八年抗戰，勝利後繼以三年内戰，終於以一九四九年十月一日建立中華人民共和國而告一大段落。

從一九一二年一月一日到一九四九年十月一日，凡三十八年，此即「民國」時段也。

三十八年過去，彈指一揮間。戰焰紛飛，生靈涂炭，歷史真是「相斫書」！而文明的燭火，點點簇簇，飄曳閃爍於如磐夜氣之中，雖遭暴風，遇疾雨，而終不熄不滅。其中最具象徵性的事件，乃一八九七年二月二十一日在上海成立之商務印書館，於一九三二年一月二十九日遭日本侵略軍針對性轟炸，占全國出版量百分之五十二的出版巨頭損失一千六百三十萬元，百分之八十以上資産被毁，其所屬東方圖書館同時被炸，四十五萬册圖書化作劫灰，其中有無數古籍善本、孤本！日軍侵滬司令鹽澤幸一狂吠：「炸毁閘北幾條街，一年半就可恢復，只有把商務印書館、東方圖書館這個中國最重要的文化機關焚毁了，牠則永遠不能恢復。」而劫難後的商務印書館，懸掛出「爲國難而犧牲，爲文化而奮鬥！」的巨幅標語，經半年即宣告復業，實現了「日出一書」的奇迹。

由於歷史演變的吊詭，民國時期的出版物，在一九四九年以後的中國大陸，大多數遭遇了被遺忘的命運，沉埋於少數圖書館的塵封角落。斗轉星移，時來運轉，二十一世紀進入了第二個十年，山西人民出版社推出這套叢書，遴選民國出版的若干學術精品，分學科編纂，蔚爲盛事大觀。此分卷是對中國文學（主要是古典文學）的研究，共二十三種。下面對這二十三種書籍作一個概覽性的介紹。

先看這些書的作者。生年不明者毋論外，出生最早的當屬韓柳文研究法的撰者林紓，他誕生於一八五二年（清文宗咸豐二年），卒於一九二四年（民國十三年——一九一二年爲中華民國元年）。出生最晚的是陶淵明批評的作者蕭望卿，誕生於一九一七年（民國六年）。這二十位作者中，一些是後來成爲大家的著名人物，林紓之外，有大學者徐珂、章太炎、陳寅恪、吕思勉、陸侃如、周貽白、趙景深，著名作家蕭乾等。此外的作者，則屬於有一定學術建樹或僅留下少量著述的文化人。

從作品看，這二十三種著作有某一種文學或某個人作品的分論，如詩經之女性的研究、曹子建詩的研究，也有某一長時段的文學史或文藝理論性質的概説，如清代詞學概論、中國戲劇小史。其中陸侃如三種，趙景深兩種；而陳寅恪和蕭望卿的兩種著作研究對象相同而又篇幅短小，合爲一册；陸侃如有兩種合爲一册。故，這裏一共有二十位作者的二十三種著述，却是二十一册文本。

分册介紹述評，是按照著作内容所關涉之中國文學史發展綫索的先後爲序？還是以研究者的情况或者書册的寫作出版先後爲序？却是一個頗讓人躊躇的問題。因爲近四十年的民國，正是中國社會從傳統向近現代激烈轉型的時段，不僅作者的思想認識，書册的觀點立場，而且連書寫的語言文風，都存在鮮明的古今遞嬗演變的痕迹。經考量，决定采取折衷的立場，即基本上按照文學史發展的脉絡綫索，先概説性著作，後專題性研究，同時顧及其他因素，將徐珂、林紓、章太炎的三種以文言文表述的著述放在最後予以推介月旦，也算是對横跨清王朝與民國兩代之文化先驅者的致敬。

中國文學小史，作者趙景深，生於一九〇二年，卒於一九八五年，主要以元雜劇、宋元南戲和古典小説的輯佚考證而名世，代表性著作爲曲論初探、宋元戲曲本事、宋元南戲考略、中國小説叢考等。這本中國文學小史是他二十多歲時的作品，上海的大光書局出版，後再版重印，達二十次之多。他於一九三六年寫「十九版序」，這樣説道：「十年前，我跟隨着新文學浪漫運動的巨潮向前推動，當時我充滿了熱情和詩趣，喜歡説一點帶有情感的話，喜歡像做詩一樣的寫文章。……也許讀者們這樣的愛讀這本小書，使牠達到十九版，清華大學入學考試且曾指定此書爲唯一的參考書，大約都是爲了牠使人讀起來不至於十分頭痛吧？」

以西方的學科意識而撰述「中國文學史」，二十世紀以始，共有數百本。第一本中國文學史爲何人所寫？或曰英國人，或曰日本人，或曰俄國人。中國人自己最早撰寫的中國文學史，一般認爲乃林傳甲一九〇四年撰中國文學史，黄人（黄摩西）亦於同年撰同名之書。林著是在當年之京師大學堂即後來之北京大學撰成，黄著是在當年之東吴大學即後來之蘇州大學撰成，歷史演變的軌迹斑斑俱在。趙景深的這本「小史」，名副其實，牠篇幅很小，如作者自表，「我只是寫一本中國文學的常識；或者，我是在説一個故事」。其特色不在學術含量的全備高深，而在簡略概約，蜻蜓點水，却時見談言微中；同時文風清麗活潑，很適於普及。

中國文學小史凡三十五節，第一節「緒論」，第二節「詩經」，第三節「屈原宋玉」，第三十四節「清代的詩文」，第三十五節「最近的中國文學」。從詩經、楚辭始，司馬相如和司馬遷，曹氏父子，陶淵明與謝靈運，唐詩，宋詞，元曲，明清的小說、傳奇和詩文，面面俱到，而最後一節，更有聞一多、汪靜之等的詩歌，郁達夫、魯迅等的小說，田漢、丁西林等的戲劇，周作人、朱自清等的散文等。

比起今日的文學史經典著作，此書自然不可能在材料的全備準確和學理的系統精深方面爭勝，但其特色也頗堪注目，即那時還沒有後來的一些教條框架，因而一些說法能讓人眼前一亮，細想也頗堪玩味。如論到李白和杜甫的同異，這樣對比：

李白：南方化、仙品、出世、浪漫、受道家影響、才、情、樂自然；

杜甫：北方化、聖品、入世、寫實、本儒教見地、學、性、泣時事。

與後來的經典化定位大同小異，而更加言簡意賅，同時還有一些生動的表述，如這樣談論李白：「我們也曾想像到一個眸子炯然，腰束玉帶，身穿宮錦袍，在采石磯邊狂歌於船頭的詩人麽？這便是天才豪放的李白。」後面對李杜的「優劣」也一語到位：「李白是樂天的，杜甫是悲觀的。」「他們兩人作風如此不同，當然我們不能分出優劣來。」比起一九四九年以後幾部文學史的某些教條化論述，以及郭沫若的李白與杜甫之立場偏頗，民國時期學人的思想自由客觀公允躍然紙上。

詩經之女性的研究，謝晉青著。此書曾作爲商務印書館「國學小叢書」、「萬有文庫」而數次出版重印。謝氏生於一八九三年，卒於一九二三年，乃日本留學生、南社社員，另有譯著西洋倫理學史（原作者日本人三浦藤作）。詩經之女性的研究共十節，其實就是對十五國風裏的女性題材特别是愛情婚戀詩歌的思想與藝術分析評價。其「緒論」説：「我這次是想在詩經中，發掘古代婦女問題的，並不是做考據底工作，在意義方面，我們總以詩底本義爲歸宿，那些不可靠的誤解，我們一概不取。在藝術方面，我們總以普遍而真摯的平民主義爲歸宿，那些不自然的附會穿鑿，我們也一概排斥。」「結論」則總結説：「詩經底十五國風，原來存詩一百六十篇，其中經我認爲有關婦女問題的，共計八十五篇。這八十五（篇）詩，若再依性質來區别，那就是：最多的爲戀愛問題詩，其次即爲描寫女性美和女性生活之詩，再其次就是婚姻問題和失戀問題底作品了。爲什麽戀愛問題底作品，占最大的數目呢？這就因爲兩性問題，是在人類生活上，占最重要的地位底證據。」

此書的許多具體分析賞鑒相當細緻，頗能體現民國以來西方推崇女性張揚人性思潮對古典文學研究的影響，一九四九年以後中國文學史中的相關評述，傾向立場，實承其緒。

有關楚辭的著作，共選有兩種：陸侃如屈原與宋玉、何天行楚辭作於漢代考。

陸侃如，生於一九〇三年，卒於一九七八年，是二十世紀五六十年代中國著名古典文學專家，他與夫人馮沅君合著之中國詩史是開創性的著作。此外撰有樂府古辭考、陸侃如古典文學論文集、中國文學史簡編、中國古典文學簡史，及與高亨合著楚辭選，與牟世金合著文心雕龍選譯、劉勰論創作、劉勰與文心雕龍等。屈原與宋玉是在他的處女作屈原、宋玉基礎上整合而成，却也算得上這一研究領域初具規模的「集大成」之作。書共六節：一、引論；二、屈原的生平；三、屈原的作品；四、宋玉的生平；五、宋玉的作品；六、餘論。最後列「參考書目」，自王逸楚辭章句、洪興祖楚辭補注、朱熹楚辭集注以下凡四十種。可以說，後來關於楚辭研究的許多重要問題都已經有所體現或涉及，算得上是此領域近現代研究的一册早期代表性著作。

楚辭作於漢代考的作者何天行生於一九一三年，卒於一九八六年，對浙江遠古文化——良渚文化的發掘考證有重要貢獻，出版有杭縣良渚鎮之石器與黑陶，是著名的考古學著作。楚辭作於漢代考受當時顧頡剛疑古學派的影響，論證楚辭各篇皆作於漢代，離騷的作者是淮南王劉安。這種觀點是楚辭研究中的一家之言，後來朱東潤也持相近觀點。楚辭作於漢代考的寫作曾受到蔡元培的鼓勵，完成於抗日戰爭發生前夕，作爲一種歷史痕迹，於楚辭學的演變具有參考價值。

漢代詞賦之發達，商務印書館一九三五年出版，其作者金秬香，生平待考，他另有駢文概論一書，爲商務「萬有文庫」第一集中叢書，則金氏乃當時知名文化人無疑。漢代詞賦之發達共十章，對漢賦作了比較全面的考察研究，其第一章「辭字之解釋」辨析「辭」與「詞」字義語源的來龍去脈，認爲「楚辭漢賦」中「辭」應作「詞」，故全書行文，皆稱「詞賦」。其後各章，對「賦字之定義」、「詞賦之源流」、「詞賦之作用」、「詞賦之分析」、「漢代詞賦之所由盛」、「漢代詞賦之所由衰」、「漢代詞賦發達之原因」、「漢代詞賦之種類」、「漢代詞賦之變遷」分別討論，漢代重要詞賦作家作品多已涉及，全書行文爲淺近文言。由於詞句多古僻，深入研討漢賦者歷來不多，此書可視爲漢賦研究的早期圭臬。

陸侃如樂府古辭考，完成於一九二五年，商務印書館一九三〇年出版，堪稱是對漢樂府研究的開山之作。共八章，依次爲：一、引言；二、郊廟歌；三、燕郊歌；四、舞曲；五、鼓吹曲；六、横吹曲；七、相和歌；八、清商曲。序例有云：「樂府是中國文學史上很重要的材料。但是研究起來，較詩經楚辭爲難，因爲没有適當的參考書。……近來研究詩經楚辭的人很多，但很少有人研究樂府的。這本小册子的問世，便是希望能引起讀者對於樂府的興趣，大家來作湛深的研究，使樂府的真價值不致永久的湮没。」雖是「小册子」，而能於漢樂府爬梳史料，清理源流，辨析考鑒，確有開闢之功，後來的研究者，實受其惠。

此册還另有陸侃如的一篇論文左思練都考，北京大學出版部一九四八年出版，乃對西晉詩人左思撰寫三都賦構思十年的傳統説法提出异議，認爲「事實上三都賦的構思恐怕超過二十年」，引證古籍，分析辯駁，是一篇專門的考證文章。

原廣州師範學院院長陳一百，生於一九〇九年，卒於一九九三年，是一位教育家。其所著曹子建詩研究於一九四〇年由上海三通書局出版，一九七一年香港大地出版社再版。書分上下篇，上篇包括曹植傳略、曹子建集的傳本考略、曹植詩歌的情感、後世諸家對曹植的評論；下篇兩部分，分别是曹植詩選讀和曹植樂府選讀，文末附有清代學者丁晏的魏陳思王年譜。此書也算對曹植其人其詩的一種早期研究的痕迹，可供後來者借鑒參考。

陶淵明之思想與清談之關係、陶淵明批評二書篇幅不大，故合爲一册。前者爲陳寅恪的一篇論文，燕京大學哈佛燕京社一九四五年出版；後者爲蕭望卿著，開明書店一九四七年出版。陳寅恪生於一八九〇年，卒於一九六九年，是名震遐邇的文史大師，毋庸多介。蕭望卿生於一九一七年，卒於二〇〇六年，曾先後於西南聯大和清華大學深造，並與聞一多、朱自清、沈從文等大家交往密切，一九四九年後任教於河北師範學院中文系，述而不作，僅有此陶淵明批評傳世。

陶淵明之思想與清談之關係不愧名家名作，條理清明，言簡義豐，實爲後世研陶之先驅。文章首先追溯從漢末、魏到晉的「清談」之風，「然則當時諸人名教與自然主張之互異即是自身政治立場之不同，乃實際問題，非止玄想而已」。「略述淵明之前魏晉以來清談發展演變之歷程既竟，茲方論淵明之思想，蓋必如是，乃可認識其特殊之見解，與思想史上之地位也。」再討論陶淵明與佛教徒慧遠等頗有交往，而其思想不染佛風，乃因爲「蓋其平生保持陶氏世傳之天師道信仰，雖服膺儒術，而不歸命釋迦也」。同時，陶淵明「自以曾祖晉世宰輔，恥復屈身異代」，他的「自然」思想，「與當日實際政治有關，不僅是抽象玄理無疑也」。

最後論定陶淵明作爲思想家的崇高地位：「淵明之思想爲承襲魏晉清談演變之結果及依據其家世信仰道教之自然説而創改之新自然説。……不似舊自然説之養此有形之生命，或別學神仙，惟求融合精神於運化之中，即與大自然爲一體。……故淵明之爲人實外儒而内道，捨釋迦而宗天師者也。推其造詣所極，殆與千年後之道教採取禪宗學説以改進其教義者，頗有近似之處。然則就其舊義革新，『孤明先發』而論，實爲吾國中古時代之大思想家，豈僅文學品節居古今之第一流，爲世所共知者而已哉！」

陶淵明批評共三章：陶淵明歷史的影像、陶淵明四言詩歌論、陶淵明五言詩的藝術。這本書是文學史角度的陶淵明專論，與陳寅恪的思想論合而觀之，可謂陶淵明的「全影」，一九四九年後陶淵明研究的輪廓理路，其實皆在其籠罩之下。

此書前有朱自清的序，言短義豐，對陶淵明批評的價值貢獻，可謂已經説盡。陶淵明「詩最少，可是各家議論最紛紜。考證方面且不提，只説批評一面，歷代的意見也够歧異够有趣的。本書『歷史的影像』一章頗能扼要的指出這種演變。在這紛紜的議論之下，要自出心裁獨創一見是很難的。但這是一個重新估定價值的時代，對於一切傳統，我們要重新加以分析和綜合，用這時代的語言，重新表現出來。本書批評陶詩，用的正是現代的語言，一鱗一爪的，雖然不是全豹，表現着陶詩給予現代的我們的影像。這就與從前人不同了。」「本書二三章專論陶詩的作風和藝術，不厭其詳。從前人論陶詩，以爲『質直』『平淡』，就不從這方面鑽研進去。但『質直』『平淡』，也有個所以然，不該含胡了事。本書詳人所略，便是這方面的努力。」「陶淵明的創獲是在五言詩。本書說『到他手裏，才是更廣泛的將日常生活詩化』，又說他『用比較接近說話的語言』，是很得要領的。」「歷來評論者推崇他的五言詩，因而也推崇他的四言詩，那是有所蔽的偏見。本書論四言詩一章，大膽的打破了這個偏見，分別詳盡的評價各篇的詩。」

陶淵明之思想與清談之關係用文言行文，簡潔清雅；陶淵明批評則是生動活潑的白話文，沒有一九四九年後的八股教條氣味。今天的人閱讀起來，也感到很親切的。

唐代文學史，陳子展著。陳氏生於一八九八年，卒於一九九〇年，一九三三年起一直任教於復旦大學，以詩經直解、楚辭直解名世。唐代文學史於一九四四年由作家書屋（姚蓬子在上海開的書店）出版，一九四七年重印，共八章，分別是：一、說到唐代文學；二、初唐詩人；三、盛唐詩人；四、中唐詩人；五、晚唐詩人；六、古文運動；七、唐人小說；八、晚唐五代詞人。對整個唐代文學，作了梳理概述，篇幅不長，內容全面，可以視爲後來中國文學史唐代文學部分的早期代表作。其中的說法，今天看來自然不新鮮，放在當年的時代背景下，則頗可稱道。如論李白與杜甫的優劣：

> 可見一個肯自命爲狂者，一個不諱言爲腐儒。一個抱超世主義，源於道家思想；一個抱淑世主義，源於儒家思想。一個幻想超昇仙境，一個不忍離開君國。總之，他們的作品都是他們自己生命純真的表白。
>
> 大抵李杜於詩的手法上，一個側重自然，一個側重雕飾。風格上一個豪放飄逸，一個沈（即「沉」）鬱頓挫。各有各的價值，各有各的生命。

商務印書館「國學小叢書」有顧彭年杜甫詩裏的非戰思想，一九二八年出版，一九三三年重印，據作者序言，書完稿於一九二五年。商務印書館「萬有文庫」中又有顧氏現代歐美市制大綱一書，一九三〇年出版。此外知道他從事過新體詩的翻譯與創作，其餘生卒年和生平等則概不清楚。杜甫詩裏的非戰思想共五章加一個附録：一、緒言；二、杜甫傳；三、杜甫的時代；四、杜甫以前及他同時代的反對戰爭的思想與作品；五、杜甫詩的非戰思想；附録：杜甫時代重要之戰爭與叛亂年表。

杜甫爲「詩聖」，杜詩乃「詩史」，歷來研究繁夥。此書以「非戰思想」爲中心主題，表現出明顯的時代印記。如作者自序中所云：「迨江浙戰争發生後，作者對於戰爭的惡魔的面龐益認識清楚，這位大詩人的非戰作品，也就愈加湧現在我的腦際了，但因戰争的驚擾，屢次遷徙，心如蝴蝶，如浮萍，飄蕩無定，不克專心於此，直到逼近年節，始把牠修改好，字數已比初稿增加了一倍以上。」今日之杜甫研究成果已經汗牛充棟，而此册小書，仍於讀者開卷有益，在於戰争之兇惡痛苦，人類仍未能完全消弭避免。而此書感同身受的寫法，就不僅是一本研究著作的影響了。其緒言末段的感慨最能傳達不以時代變遷而更改的情愫：「我們所處的時代與杜甫的時代有不少的地方相類似；環境的艱險比他的有過之無不及；我們的兄弟，所流的血泪，所受的淩辱與壓迫與騷擾，比他的時代的人更甚；但當今能代表時代的作品有幾？能真切的表現自己所處的環境的佳制有幾？具有完整，聖潔，毅勇，偉大的人格而爲民衆呼吁的詩人安在？」

唐人詩中所見當時婦女生活，作家書屋一九四七年出版。作者劉開榮，一九三五年考入金陵女子文理學院中文系，一九四一年畢業，一九四三年完成此書。劉開榮後來又去燕京大學歷史系深造，在陳寅恪指導下完成唐代小説研究，一九四七年商務印書館出版，一九五〇年再版，一九五三年三版，臺灣亦曾三次重版。

唐人詩中所見當時婦女生活書前除作者自序外，尚有華西大學華西週刊主編陳國樺序、陳中凡序及華西大學英文系外教費爾樸序。陳國樺序末署「（民國）三十二年二月十二日序於華西大學」；陳中凡序末署「民國三十二年一月二十五日」、「成都華西壩廣益學舍」，費爾樸序末署「一九四三年春」、「於四川成都」，而劉開榮自序末署「（民國）三十二年一月二十二日於華西壩」，是則其時劉開榮與陳中凡俱任教於華西大學。書之正文共九章：一、引論；二、勞動婦女（上）；三、勞動婦女（下）；四、民間一般婦女的日常生活；五、民間一般婦女的精神生活；六、妓女生活；七、宫庭婦女及貴族婦女生活；八、女冠子生活；九、結論。

陳國樺序有云：「處在中國抗建（即抗戰與建設——引者）的現階段，如欲建設新中國，必須動員二萬萬多女同胞的力量，共同參與偉大的建設工作。著者劉開榮君寫成此書，實無异提出婦女解放的問題，請大家重新加以嚴肅的考慮，因爲唐代的婦女生活，又何異於現代的婦女生活呢？」

陳中凡序則説：「我以爲此文可以作爲唐代婦女史看。因爲我國古代史家專紀帝王名臣的史績，至今中國史書有帝王家譜之譏。社會上廣大群衆反被擯於史書領域以外，真是憾事。今讀此文，方知道史家所忽略的東西，詩人乃一唱三歎，反復申詠。只要後人加以探討，就可以把當日被壓迫的一般婦女實際情形，畢露無遺。」

費爾樸序（英文，劉開榮譯成漢語）贊美：「本書作者劉開榮女士，本人會詩，也善爲富有詩意的散文，可以説是給近代的文學寶庫添上了一幅生動的圖畫——一幅女人的美麗的夢景。『唐代的光榮』不但包括有金漆的畫棟和迴廊，光彩奪目的瓷器，以及吴道子的山水名畫，并且有琳琅滿目的辭林文苑，裏面活躍地呈現着宫庭裏莊嚴的婦女，也舞動着詩人們生花的筆尖。」

劉開榮的自序中則如是說：「本書的目的，不是要研究某一人某一事，而是要像一個攝影專家，把唐人詩中所反映的當時婦女生活的斷片，一一剪下來，拚在一起，使人一看便可得到一個個鳥瞰。所以凡能對當時的婦女生活，給一綫光明或一絲暗示的詩料，作者都不肯割捨。尤其關於佔有人精神生活一大部份的兩性間的言情談愛的記載，作者更要把它赤裸裸地呈現在讀者的面前，讓讀者進到他們的精神世界裏面去，不再襲用以往的成見，把君臣的關係拉扯上去，加以牽强附會的解釋了。」

可見這册書，無論作者與評者，都更注重其對「新婦女觀」的弘揚，而於唐代文學研究的價值反而在其次。劉開榮身爲女性，於有關女性的詩作更容易心有戚戚焉。這自然也受當日西學日漸張揚女權等社會情境、時代風氣和思潮的影響。今日的讀者，則更注重其學術層面的價值。如陳汝潔說：「有人説劉開榮的這本書實踐了陳寅恪先生的『以詩證史』的思想，我仔細讀了之後，覺得劉著與陳寅恪先生的元白詩箋證稿相比，還是差别較大的。陳著箋釋元白詩，往往證之以史籍，能使人明了詩中所寫何者爲史實何者爲虛構。在陳來説，『以詩證史』又何嘗不是『以史證詩』。而通過『以史證詩』所揭示出的元白詩中的今典，對讀者理解元白詩具有重要作用。以注釋來説，能注出今典比注明古典難度要大。寅恪先生在元白詩箋證稿中揭示了大量今典，因難能而可貴。而劉著在全書中很少涉及當時的史籍，所以讀後讓人覺得是她從全唐詩中分類披檢關乎婦女詩作，費了不少工夫而欠了一點功力，無法望陳著項背。但劉著是一部有趣的書，她把唐詩中關於婦女的詩作檢索、排比出來，讓人知道唐詩中的這一類。倘若她能够進一步讓讀者知道詩中所寫的這些婦女生活，哪些合於唐代史實哪些是詩人虛構，那該多好！不過，從書名來看，她大約認定唐代詩歌中所寫即是當時社會中所有，真的嗎？我認爲這需要證明。」

清代婦女文學史，一九二七年二月中華書局初版，一九三二年十二月再版，共十七萬五千字。作者梁乙真，河北獲鹿人，生於一九〇〇年，一九二五年後就讀於上海南方大學，卒年及生平不詳。除清代婦女文學史外，尚著有中國文學史話、中國民族文學史、中國婦女文學史和元明散曲小史。

清代婦女文學史共列舉了漢、滿閨閣名媛、娼門、女冠、難女、乞丐女性作者三百餘人。內容目録爲：第一編明清兩朝婦女之極盛時期；第二編清代婦女文學之極盛時期（上）；第三編清代婦女文學之極盛時期（下）；第四編清代婦女文學之衰落時期；第五編清代婦女文學雜述。

書前有王蘊章序、王燦芝序和自序，書末附録清代婦女著作家表及人名索引。此書受謝無量中國婦女文學史啓發和影響，但後來居上。王蘊章和王燦芝都給予較高評價。當代女性文學研究者也頗加青目，評論其重視女性張揚女權的思想意義高於文學史意義。所謂二十世紀三部女性文學史梁乙真居其二。

宋代文學，呂思勉著。呂氏生於一八八四年，卒於一九五七年，是著名歷史學家，其中國通史、秦漢史、讀史札記等都是史學名著。這册宋代文學一九二九年由商務印書館出版，共六章，分别是：一、概説；二、宋代之古文；三、宋代之駢文；四、宋代之詩；五、宋代之詞曲；六、宋代之小説。

此書行文用淺近文言，梳理宋代各體文學的代表作家、演變發展脈絡相當全面，可視爲宋代文學史的早期代表作。其觀點議論，具有二十世紀早期的清明樸實，非如後來受各種所謂「範式」拘限者。如論三蘇之文：蘇洵「筆力堅勁，自以老泉爲最。然老泉好縱横家言，恒以權譎自喜，而其言實不可用。故其議論，多有不中理者」。蘇軾「則見解較老泉爲高。雖亦不脱縱横之習，然絶去作用處，時或近於道家。非如老泉一味以權術自矜也。尤妙在能以明顯之筆達之。晚年文字，則心手相忘，獨立千載」。蘇轍「氣象不如其父兄之雄奇；才思横溢，亦非乃兄之敵。然議論在三家中最爲平正，文亦較有夷然澹蕩之致，則亦非父兄所能也」。宋代文學專設駢文一章，也是後來的文學史一般所忽略的。

中國詞史大綱，胡雲翼著。胡氏生於一九〇六年，卒於一九六五年，曾於中學、大學任教，後爲上海中華書局、商務印書館編輯，於唐宋詩詞研究深湛，有宋詞研究、宋詩研究、宋詞選、唐詩研究等著作行世，影響頗大。中國詞史大綱，北新書局（創立於北京，後遷上海）一九三五年出版。此書分兩編，第一編爲「唐五代詞」，共九章，第二編爲「北宋詞」，共十四章，共録詞人凡五十七家。

此書爲近代意義上對詞這一形式溯波追源之較早學術著作，也可以説是研究宋詞的早期經典。其論詞與詩之區別云：「長短句的歌詞在文人的社會裏確立以後，牠的發展漸漸地把不甚協樂的律絶詩壓倒了。我們看樂曲裏面的長命女、烏夜啼、漁夫詞、長相思、江南春、步虚詞、鳳歸雲、離别難、金縷曲、水調歌、白苧等調，最初都是用五七言絶句歌詞，後來都改用長短句的歌詞了。中唐詩人還有寫律絶詩給樂工伶妓們去唱，到晚唐竟失掉歌詩之法，只有長短句的歌詞了。這不顯明的是：長短句的歌詞藉着在音樂上的便利，把整整的歌詩打倒了嗎？」詞的興盛在音樂這一歷史的核心問題，如此明白曉暢地揭示了出來。

詞的歷史分期，此後的文學史，都以中國詞史大綱的説法爲準，如北宋詞的演變：「歷史的發展，則可分爲四個時期：第一個時期是小詞的時期，以晏殊、歐陽修、晏幾道諸人爲主幹；第二個時期是慢詞的時期，以柳永、秦觀諸人爲主幹；第三個時期是詩人的詞的時期，以蘇軾、黄庭堅諸人爲主幹；第四個時期是樂府詞復興的時期，以周邦彦、李清照諸人爲主幹。」與後來的文學史相較，中國詞史大綱没有「婉約派」「局限於個人趣味」，「豪放派」「關注國家社會」「積極入世」一類意識形態評論語言，更顯學術性的單純。

趙景深著宋元戲文本事，北新書局一九三四年出版，但其完成於一九三三年六月。這是對宋元南戲研究的篳路藍縷之作，其開闢之功永耀史册。作者在自序中説：「這一本小書的目的是想把已佚的宋元戲文輯録出來，作爲研讀中國文學的一個參考；爲了恐怕專載佚文太枯燥，斷簡殘篇湊在一起也令人有丈二金剛之感，於是也附一點本事，把殘文貫串起來，使得讀者看這一本書不像是摹（即『摩』）挲古董，而像是在讀幾篇很有趣味的短篇小説。」

書共九章，輯自南九宫譜、新編南九宫詞、雍熙樂府、九宫大成南北詞宫譜，内容包括：一、王焕和王魁；二、陳巡檢梅嶺失妻；三、四種戀愛戲文；四、王祥卧冰；五、黄周兩孝子；六、江流和尚；七、僅存三五曲的元代戲文；八、僅存兩曲的元代戲文；九、僅存一曲的元代戲文。

中國戲劇小史，周貽白著。周氏生於一九〇〇年，卒於一九七七年，是著名中國戲曲史家和中國戲曲理論家，還曾經創作並演出話劇作品三十部上下。他首先提出並詳細論證中國戲曲的三大聲腔源流——崑曲、弋陽腔和梆子腔，厥功甚偉。他於一九三六年出版中國戲劇史略和中國劇場史（商務印書館），中國戲劇小史乃在前二書基礎上再加補充修訂，於一九四六年由上海的永祥印書館印出。後來又出版中國戲劇史（一九五三）、中國戲劇史講座（一九五八）、中國戲劇史長編（一九六〇），以及遺著中國戲劇發展史綱要（一九七九），都是以中國戲劇小史爲基礎的。

中國戲劇小史共八章：一、中國戲劇的形成；二、唐宋的戲劇；三、南戲與北劇；四、明代戲劇的概況；五、崑曲與亂彈；六、皮黄劇的勃興；七、文明戲與話劇；八、中國戲劇前途的展望。今天的讀者，要了解中國戲劇發展的歷史，當然有後來居上者的書可讀，但前驅者的貢獻也是不容抹殺的。中國戲劇小史的意義就在這裏。

中國小説的起源及其演變，正中書局（陳果夫一九三一年創立於南京）一九三四年出版，作者胡懷琛。胡氏生於一八八六年，卒於一九三八年，一九三二年被聘爲上海市通志館編纂。他搜集整理一批上海地方史志珍貴資料，卓有貢獻。其藏書以詩文集和課本爲特色，如三字經、百家姓、千字文、千家詩等，收集齊全，劉鶚稱其爲「三百千千」。收集外文書籍和少數民族作者的漢文詩集一千餘種，可惜其藏書在抗戰時多半被日寇炸毀。一九四〇年，其子胡道静將殘餘之書捐獻給了震旦大學。

中國小説的起源及其演變共六章：一、本書説到的範圍；二、小説的起源及小説二字在中國文學上的涵義之變遷；三、中國小説「形」的方面的演變；四、中國小説「質」的方面的演變；五、現代小説；六、研究中國小説參考的書目。第一章開宗明義：「本書所講的，只有兩件事情如下：（一）是中國小説的起源，與小説二字涵義的變遷。（二）是中國小説的演變，並現代小説的標準。」

研究小説者歷來推崇魯迅的中國小説史略和胡適的中國章回小説考證，那自然是開山的典範之作。其後錢静芳小説叢考、蔣瑞藻小説考證等也都功力深湛，卓然有成。本書算得上是一册史論相結合的小説研究著作，在中國小説研究的歷史進程中，雖然不如上述幾種著作那麽經典，却也有其歷史的價值和意義，從「可讀性」來説，則更占優勢。如此書説到中國小説的歷史變化，通俗易懂而能切中肯綮：「由古代的傳説在口上，演變成寫在紙上，這是一變。宋代的説話勃興，這是第二變。宋人的話本，由説給人家聽的，變爲直接給人家看的，這是第三變。紅樓夢、儒林外史等，只是寫的，不是説的，這是第四變。然而『説』和『寫』，仍是同時候存在的，決不是變成後者，前者就消滅了。只不過互有盛衰而已。」

此外説到的一些情況，也頗能讓我們對於歷史的演變，有一種親切的感知。如：「在民國前一二年，有周作人譯的域外小説集，是用文言譯西洋的短篇小説。不過是大失敗了。這失敗並非域外小説集自身不高明，只是和那時候的讀者程度相差太遠。第一不歡喜讀這種無頭無尾的短篇小説，第二不歡喜讀平淡無奇的故事，第三不歡喜這種比較生硬而樸質的文言。結果，這部書當時幾乎没有人知道。」

書評研究，商務印書館一九三五年出版。作者蕭乾生於一九一〇年，卒於一九九九年，是著名翻譯家、作家、富有傳奇色彩的二戰記者，畢業於燕京大學新聞系，後去英國劍橋大學任教並讀碩士學位，一九四三年領取了隨軍記者證，正式成爲大公報的駐外記者，也是二戰時期歐洲戰場的唯一中國記者，一九九五年中國作家協會授予其「抗戰勝利者作家紀念碑」榮譽。三百二十萬字的蕭乾文集包括小説、散文、特寫、回憶録等，譯作莎士比亞戲劇故事集、好兵帥克以及與夫人文潔若合譯的尤利西斯等更是影響巨大久遠。

隨着近現代出版業的發展，書評也逐漸增多，但對這種新型的文學批評樣式作正式的研究，書評研究可以説是拓荒之作。書共八章：一、序論；二、書評家；三、閲讀的藝術；四、批評的基準；五、批評的藝術；六、書評的寫作；七、書評與讀書界；八、附録。此書的核心思想是，書評是有益於社會的嚴肅工作，書評家是具有特殊身份的知識者，代表讀者的鑒定者，文化生産的監督人，而不是庸俗、獻媚的商業廣告商。如：「一切批評都必須基於清澄的理解。批評的公允實即理解深澈的反映。」「書評家寧可改業廣告，永不可用批評的地位作兜售的營生。」「對讀者他服務，却也不侍奉如奴隸。他把讀者看成智力的平等者。他並不武斷地强迫讀者接受他的意見，也不賣弄學問如一塾師。讀者的好惡是受風氣支配的，但他不追隨那風氣，他不固執，却有信仰。」無疑，即使在今天，書評研究仍然有牠的現實針對性和意義。

清代詞學概論，上海大東書局一九二六年出版。其作者徐珂生於一八六九年，卒於一九二八年，爲光緒舉人，袁世凱天津小站練兵時的幕僚，一九〇一年任上海外交報、東方雜誌編輯，後爲商務印書館編輯，其所編纂的清稗類鈔是享譽學林的文史巨著。

清代詞學概論共七章：一、總論；二、派別；三、選本；四、評語；五、詞譜；六、詞韵；七、詞話。作者雖入民國，而其傳統文化教養的底色，濃郁深厚，迴非後來人可比。故此書行文，爲優美洗練的文言，而其對清詞演變脈絡的勾勒，代表性詞人的品評，乃至資料的選録等，都有「個中人」的真知灼見，可謂言簡意賅，高屋建瓴，非後來研究者搬弄西洋「範式」敷衍成文者可及。無疑，此書可列入「學術經典」的行列，不像本選集大多數作品具「過渡轉型」之身份色彩也。

如清代詞學概論評騭「清初之詞」的代表作家，「最著者」爲朱彝尊、陳維崧，「兩人並世齊名」，而前者「情深，所作詞高秀超詣，綿密精美，其蔽爲餖飣」；後者「筆重，所作詞天才艷發，辭鋒橫溢，其蔽爲粗率」；「繼之而起名重一時者，實惟納蘭容若。門第才華，直越北宋之晏小山而上之，其詞纏綿婉約，能極其致，南唐墜緒，絶而復續」。再如説清詞之派別：「有清一代之詞，有二大別：一浙派，一常州派，亦猶散體文之有桐城陽湖二派也。」這些基本的定位，都成了後來各種文學史、清詞史祖述的圭臬。再如書中説到「才人之詞」、「學人之詞」、「詞人之詞」的三分法，也直搗黃龍，揭示本質，對後世影響深遠。

韓柳文研究法著者林紓生於一八五二年，卒於一九二四年，堪稱是一位清末民初的文化奇人。他是桐城派散文的殿軍，一點不懂西洋語言文字，僅憑聽人口述，把一百八十多種西方小説翻譯成漢語，成爲向古老中國介紹西方文學的開山人。「林譯小説」，曾經是好幾代人的最愛，用文言表述的漢譯西方小説，成了中西文化交流史上一道奇异的瑰彩。

韓柳文研究法亦是文言文著作，對韓愈和柳宗元的多篇古文逐一評論，細緻深入，作者所持觀點立場，則完全是傳統的儒家思想體系和桐城派衡文的法眼，完全不見西學影響的痕迹。此亦可見所謂民國時段之文化形態，新舊雜陳，多元豐富也。

前有馬其昶（一八五五——一九三〇）短序，馬氏乃桐城派後勁，清史稿之「儒林」、「文苑」卷總纂。其序説與林紓「同客京師，一見相傾倒，别三年，再晤，陵谷遷變矣。而先生著書談文如故，一日出所謂韓柳文研究法見示」。所謂「陵谷遷變」，即指清朝滅亡而民國建立，韓柳文研究法於一九一四年由商務印書館出版，則此書或峻稿於清季。馬其昶贊美林紓「於史漢及唐宋大家文，誦之數十年，說其義，玩其辭，醰醰乎其有味也」。林紓於韓愈、柳宗元的古文沉浸涵泳，所謂「韓氏之文，不佞讀之二十有五年」，則其所得所會，自然和後來接受了西方文藝思想的研究者，無真賞而僅「分析批判」所見大爲不同。

如林紓這樣評析韓愈的文章寫作技巧：「韓氏之能，能詳人之所略，又略人之所詳。常人恒設之籬樊，學韓則障礙爲之空。常人流滑之口吻，學韓則結習爲之除。漢所謂摧陷廓清者，或在是也。」「韓文能抑絕掩蔽，不使自露。不佞久乃覺之。……不善學者，往往因蔽而晦，累掩而澀。……所難者，能於掩蔽中，有淵然之光、蒼然之色，所以成爲昌黎耳。」

再如評柳宗元：「柳州段太尉逸事狀，與昌黎張中丞傳後叙，均洋洋有生氣，亦皆良史之才也。不佞甚惜柳州不爲史官，其寫忠義慷慨處，氣壯而語醇，力偉而光斂，可稱極筆。」「若公在永州，一荒昧不辟之區，必待糞除，其勝始出。是永州之勝，均係諸公之一言。則非極力描摹，山容水態，亦不易流傳於藝苑。集中諸文皆佳，而山水之記，尤爲精絕，雖大同小异，然各有經營。韓公猶望而却步，何論其他。」

文學論略，章太炎著。章太炎生於一八六九年，卒於一九三六年，太炎是號，名炳麟，在小學（語言文字學）、歷史、哲學、政治方面都有卓越貢獻，乃近代的國學大師。我的業師姚奠中先生是章先生最後招收的研究生之一，把對文學論略的評介作爲這一個系列學術著作的「收官」，格外具有意味。

文學論略首發於一九〇五年的四川學報（未完），一九二五年上海的群衆圖書公司出版，一九二六年再版，後來又成爲國故論衡的一部分。文學論略前面有胡適的一篇序，其中的一些話很有意味：

這五十年是中國古文學的結束時期。做這個大結束的人物，很不容易得。恰好有一個章炳麟，真可算是古文學很光榮的結局了。章炳麟是清代學術史的押陣大將，但他又是一個文學家。

他是能實行不分文辭與學説的人，故他講學説理的文章都很有文學的價值。

但他究竟是一個復古的文家。他的復古主義雖能「言之成理」，究竟是一種反背時勢的運動。

總而言之，章炳麟的古文學是五十年來的第一作家，這是無可疑的。但他的成績只够替古文學做一個很光榮的下場，仍舊不能救古文學的必死之症，仍舊不能做到那「取千年朽蠹之餘，反之正則」的盛業。他的弟子也不少，但他的文章却没有傳人。

文學論略開宗明義：「何以謂之文學？以有文字，著於竹帛，故謂之文；論其法式，謂之文學。凡文理，文字，文詞，皆謂之文；而言其采色之煥發，則謂之彣（讀『文』，文采之意）」。這裏的核心思想，即文、史、哲不作絶對區分的「文學」觀念。而這一點，正是中國文化的根蒂，與西方講究分科別類的「科學」文藝學大異其趣。從表面看來，如胡適所批評，章太炎的這種文學觀是「復古主義」，「反背時勢」。胡適在序言結尾説：「章炳麟在文學上的成績與失敗，都給我們一個教訓。他的成績使我們知道文學須有學問與論理做底子，他的失敗使我們知道中國文學的改革須向前進，不可回頭去。」

以五四新文化運動爲起始標誌的「白話文」運動，正是沿着胡適的主張發展前行的，魯迅的「拿來主義」主張也主宰了整個二十世紀的中國文學和文化的走向。我們所評介的民國學術著作，絕大多數也體現了這個方向和主旨。但問題並不是單一的，歷史也是復雜的，如今我們回顧反思，在肯定胡適所説「改革必須向前，不可以回頭去」的歷史合理性一面的同時，也必須正視章太炎的文學主張，蕴含有更深層的中國傳統文化之精義奥旨，而且隨着人類文化在二十一世紀出現的困境，越來越具有啓示意義。單從對文學的認識來説，章太炎標榜的文、史、哲大會通的中國傳統文化的根本立場，也是有其文化深刻性和現實針對性的。

因此，對民國長達四十年時段的學術著作及其體現的思想方向，也不能簡單化地對待，忽視其所體現的歷史走向必然性與新價值的合理性是不對的，過分拔高推崇也有所偏頗。畢竟，那是一個「過渡」、「轉型」的時期，其多數學術文化著作也必然帶有「過渡」、「轉型」的色彩，是「進行時」和「未完成時」，距離「經典」尚有距離。從戊戌變法到辛亥革命到五四運動，一直到一九四九年，泛民國時段（包括其醖釀鋪墊時期）之中國現代化歷程從肇始而前行，歷經曲折，其激烈變化之歷史空隙中艱難產生的學術文化，有其大膽引進勇敢開拓而攝人心魄的一面，也有其嘗試而稚嫩、外來與傳統磨合不甚相契的一面。近世之社會轉型文化轉型乃大勢所趨，民國的學人們做出了艱苦的努力和卓越的貢獻，如何能在吸取世界其他文明滋育的同時，又能使中國傳統文化精粹得以恢弘發揚，再造輝煌，此正民國以來直至今日，中國知識界文化界苦苦思索探尋而歷久彌新之時代課題！

正是在這個意義上，民國的學術著作，這些體現了當日中國文化精英思考、研究、探索中國的社會與國家之現代化轉型的成果，其中的材料等或已經是舊痕陳迹，而其所思考的問題，所探索的思路，所提出的設想，以及這些著作本身的種種成就和不足，對於今天的中國現實，仍然具有攻錯借鑒的意義。他山之石，可以攻玉，何況此本非他山之石，正我山自有之石乎！

欲滅其國族，必先滅其文史。民族的歷史，特別是文化史、思想史、學術史，誠乃一國一族之精魂慧命之所在所基。當年日本侵略者之所以轟炸商務印書館與東方圖書館者，正深諳此理也。而商務印書館鳳凰涅槃浴火重生之艱苦奮鬥，亦未稍懈於斯。

民國語文，也在「轉型」途程中，這些學術著作的文風，大多是一種「尚存文言痕迹的白話文」。今天的青年讀者閱讀起來，也許會有异樣的感覺，但也可謂別具一種風味。而此二十三種著作的作者，絕大多數爲南方人，如浙江、江蘇、湖南、福建等省份，這些著作又大都在上海出版，由此亦可見民國時期文化發展的大情勢。這二十三種著作的二十位作者，當其撰寫著作之時，應該説彼此質素、學養都相差不遠，而其後之發展結局，則有的著作等身成爲大家大師，有的則後勁不足而逐漸湮滅少聞，固然各人機遇運會不同，而個人心志的堅持和努力之有無强弱，無疑是最主要的因素。對今日之學人特別是青年，不也很有啓發意義嗎？

潛入歷史的塵霾中排沙簡金，而選擇出此二十三册著作，並非筆者所爲，因而對此種簡選是否即能代表民國時期文學研究的大體大略，實亦不敢斷言，滄海遺珠或在所難免。而忝膺爲此編叢書作序的重任，惶恐之意，自不待言，管窺蠡測，亂彈胡侃，尚祈盼海内外方家不吝指教。但披閲這些先賢的著述，恰如驀然回首，向幽深的夜，重新點燃文支老紅燭。「紅燭啊！是誰制的蠟——給你軀體？是誰點的火——點着靈魂？」（聞一多紅燭）

點點燭光，明輝熠熠，回顧往昔，瞻望將來，道一聲：願我們的中國，鑒古灼今，發揚傳統精華，吸取五洲營養，漸進改革，持續開放，醒獅昂首，闊步奮行，前程佳美！

二〇一四年四月一日於大連

作者簡介

蕭乾（一九一〇年—一九九九年），世界聞名的記者，卓有成就的翻譯家、作家，也是著名的中外文化交流使者。晚年多次出訪歐美及東南亞國家進行文化交流活動，寫了三百多萬字的回憶録、散文、特寫、隨筆及譯作。主要著譯作有籬下集、夢之谷、人生百味、一本褪色的相册、莎士比亞戲劇故事集、尤利西斯等。

目次

書評研究

第一章 序論

一 一個新勢力

都伏思(R. L. Duffus)在美國曾作過這樣的一個調查：他想知道什麼是讀者得與著作接近的媒介。這統計的數字他後來發表在一本書裏：(註)

媒介	人數
書評	3454
廣告	2460
友人介紹	1219
作者聲望	604
書店陳列	420
對問題有興趣	409
書店推薦	383
饋贈	270
演講中聽到	230
書名眩人	199
書皮眩人	191
書店中翻閱	180
杜威介紹	161
函郵目錄	156
教授介紹	64
風行一時	56

這數字證明了現代文化裏的一個新勢力——書評：一種爲一般讀者所寫的一般書籍的批評。

隨了讀者層的擴大，新聞紙銷路的飛增，這勢力對於著作界，出版界，讀書界都將握有相當的權威。紐約書評家的一句話也許就成爲某本書的命運。這勢力對於文化或許是威脅，或許是促進；無論如何，它已牢牢地存在着了。學者儘管視自己的胸膛爲一本最可靠的目錄，專家可以輕視着書評的膚淺，但這勢力牢牢地存在於廣大羣衆之間卻是事實。

在目前的中國，這勢力實在還不大。我們的閱讀購買大半仍是以廣告的魔力或自己的趣味癖好爲歸依。這是因爲我們眞正的大衆尚未成爲讀者，著作人的名字也仍少得極易記辨。但終有一天，像塞克斯機一樣會在古國土上竟飛翔起來，書評總將尾隨了文化潮流將穩穩地步入我們的讀書界。

這預言需要證據嗎？國內批評的刊物隨了出版業的興旺而增加是近年來極明顯的現象。作者或出版家對批評家的諂媚與咒恨也印證着這勢力的增大。

註 見 Duffus: Books, Their Place in A Democracy P. 51 N. Y. 1930

二 萌芽中

書評在中國的歷史的確不長。在我們那批評文庫裏，泛論作風，藝術理論，作者性格的還不少；但把注意集中到某書上的實不多見。至於在主觀印象外還顧及讀者客觀需要的，在固有的文庫裏幾乎沒有。

眞正的書評是隨了雜誌的勃興而出現的。第三卷的新潮出過「名著介紹專號」。新月曾把「書報春秋」作爲固定的一欄。各科雜誌的尾部登載書評成爲一種風氣了。出版家看到大衆對書評的信任，於是自己也辦起書評刊物了。先後如新書月報（華通書局，）現代出版界（現代書局，）都曾風行一時。

前年，教育當局也興高采烈地辦起大規模的圖書評論，各科都由專家負責，這刊物出到二卷便夭亡了。一個更可注目的事實是書評逐漸侵入了新聞紙。簡短的書評在報端發見是常事。大公報甚而辦起圖書副刊來。

一個美國圖書館員把當代的書評分爲四類；(一)學者的。執筆的多是專家。但專家易分派系。所以遇到主張不同的常爲偏見支配，吹毛求疵，不顧全局。對於異己的新發見尤難容納。有時標準定得太高，對普及的著作常乏同情。(二)欣賞的。多出自敏感的批評家。歡迎一切新的進步，也常能指出一本書的特殊處。但評者學力不逮，超於原著的見解不常見到。(三)漫罵的書評。對作品牽強曲解，對作者個人肆加詆毀，專以破壞爲能事。(四)報紙的書評——美其名曰「趣味的書評」只求新奇熱鬧，引人入勝，而不重批評基準。

這四種書評都已在中國萌長着了。博學的教授在批評玉君時，卻用去八成篇幅講起西洋小說發達史來。翻譯老將提筆批評起另一個翻譯手的工作時，四分之三的篇幅成爲逐頁校閱的勘誤表。說着恭維話的又多是一些十足的外行，面前的書像是該科唯一的典籍。刻薄的，口口聲聲「教授」「博士」，用極富酸性的話嘲笑着書的作者。至於在報尾巴見到的書評則除將原書目錄如流水帳地一氣鈔完，就再沒可說的了。膚淺有了。卻似還未把握到那點新奇熱鬧。

三　未來的恐怖

隨了文化經濟的演變，書評將逐漸職業化了。職業書評家目前在中國尙不多見。偶爾一個常寫書評的人出現，但細一調査，這人也許在某地教着書，（一個業餘的批評家；）或者寫了一些時候，翻身自己變爲作家了。缺乏固定的書評作者自有許多不便處，但也省卻許多弊病。因爲這種業餘的書評家纔是讀者層眞實的不甘緘默的代表人。他也許偶爾爲一個知友寫篇介紹性的書評，但他不至爲許多下流作家所包圍。更好的，沒有業餘的書評家甘作出版人的爪牙，像許多美國職業書評家那樣。

只有在萌芽狀態中允許人們玩票。當千百種書每日由印機中傾了出來時，業餘的書評家將擔當不了這全部的工作。那時書評的刊物將大批出現。每個刊物都擁有一些專司書評工作的人。

那時，按月領薪的職業書評家要看編輯人的眼色。編輯又要覷着出版家的眼色，如果把應捧的書給罵了，好，即刻出版家就會走進來。第一句話就是『喂，把我登的廣告撤了！我按月給你上千的廣告費，你還說我的壞話！』

職業的批評家產生時，不署名的書評將出現了。像我們今日的報紙一樣，書評目前還逗留在個人主義的時期。等到報館或雜志的書評欄主任麾下有幾十個書評家爲着薪資工作時，個人的眞名將不再爲編輯所姑容。那時是被評者吃啞吧苦的日子了。一個作者諷刺書評家的權威說：『因爲你不署眞名，沒有敵手能還擊到你身。同時，你的武器永不至落空，因爲你的勢力遠超那些署眞名的。那聲「我們」的魔力是沒有別的權威能抗比的。因此，你的宣判詞效力格外大。』

當前半工業的沿海都市對書報的需求也使我們推測未來的書評刊物也必要部分地畫報化。這傾向發展到極端時將使批評成分減到最低限度。書評刊物爲了迎合一般傾向要把內容趣味化也是必然的現象。

由編輯先生指定對象的書評家將沒有像業餘書評家那樣的熱誠了。他也許愛文學，但分配到他面前的卻是本社會問題討論集。他也許對左拉有特別的興趣和認識，但他要批評的卻是高爾基。這種違反脾胃的東西已夠使他頭痛了，而限期又只有幾小時。看了那厚厚的一本書只是發愁。這時，一個由嗜書而成爲書評家的人將討厭起書來了。塡篇幅的心很容易超出批評的興趣。於是，草草把書翻閱一遍，提筆寫起來了。習慣的行話，固定的格式，瑣屑的引證，看來像閑話，也像夢話；但工作者總可以呼出一口舒適的氣了。

那時，評價基準較高而聽衆較少的批評家將自動地和書評家分手了。說他是庶出，罵他是敗類，一個文藝的沿街叫賣者。

但職業書評家終將產生，如果社會是走向分工化系統化的路。恐怖果然是不可免的嗎？風氣，朋友，我們迎頭趕上去糾正這段未來的歷史是可能的。

四　書評與批評

中國的批評界似活躍着兩種人物：批評學者和批評者。前者的文章常見於雜志的首端『論文』欄裏，介紹着晚近東西洋的文藝觀念和方法，但很少人肯將那些精確的方法應用到本國流行文藝的品評上。後者的文字多登在雜志的尾部『書評』欄裏，用一種熟習的行話，一種固定的格式，論斷着近刊的書籍，而對於新興的文藝理論又不屑顧及。這兩種人在工作上雖是一貫的，而實際上卻常漠不相干。

批評的刊物我們是有的。我們甚至有過專載書評的刊物，爭論着『我們的沙寧譯本比他們的好。』誇說着名家的裝幀，誇說着紙張的潔白，序文的名貴，對於作品卻像總是那幾句行話在玩撲克牌地變換着。

不久以前，國內夭亡了一個流傳頗廣，權威極大的批評雜志。但那停刊的消息在讀者大衆臉上並未畫出多少哀悼的神色；因爲大衆對於那些教科書，那些原文專家名著及古典文學翻譯的興趣實在太薄了些。對於黨派的爭辯他們更不摸頭緒。

於是他們返過身來自語地說：書還是讓我們碰着運氣讀，憑着高興買吧。橫豎你們那些高深的書我不懂。淺的又不在你們眼裏。

誰那麼愚蠢，悍然反對新的文藝理論的介紹呢？但我們似還應進一步把那些抽象的公式消化了，用來詮釋指點自己的生產品。漠視專家研究和主張拆掉中央大學一樣胡鬧。但一個忽視普及教育的國，即批評也不把大衆打在算盤裏。是的，偉大的批評家對於過去負着整理，對於將來負着預卜的神聖使命。但如果同時代的一般讀者不能由他的工作得到好處，他的工作至少在目前近於浪費。批評作用失卻了廣遠的發展，僅有那深邃，恐反將成爲時代的累贅。

但是，有人說，研究營養成分和測量月球距離同是不可漠視的呢！而且，測量的人是走向深處的，因而也是人類文化的推進者。好，姑算我們這角世界的情勢准許我們中間一些人去探求哈姆列德悲劇的統一性，浮士德哲學的遡源，所准許的也必是極少數——我們便尊這些人爲批評學者。

一切文藝法則似乎都由這些少數特別有學問的人制定，司法的人呢，該是批評家了。但這裏卻有了糾紛，因爲有了兩種批評家出現。那受着排斥遭着怨罵的叫做書評家。

愛律葉特，詩人和批評家，在他的傳統與嘗試裏說：『這年頭批評不景氣。一半也是爲了生計所迫，多數批評家都淪爲「書評家」成爲草率疏忽的工資奴隸了。』（註一）這話鋒是說：批評家和書評家截然不同種類。書評家是低賤的批評家是尊貴的，書評是市儈的勾當，批評是神聖的職務。

另一位當代有名望的英國批評家，曼殊斐爾的丈夫，穆雷卻說過相反的話：『書評家和批評家中間是不該有差別的——書評家的職務是評判面前的一本書。但實際上，爲了許多拙笨讀者的便利，他也得涉及原書以外的事。反之，目前經濟的情況強迫着批評家們改業書評。』（註二）

顯然地穆雷這裏並不曾否認這兩位似是同行中間的差別。反之他實在具體地提出了這差別之所在。只是他感到這差別將爲今日社會現狀所消滅，而且這消滅並不是一件可悲傷的事。

在中國，批評家和書評家的分野還不明顯。一面由於眞正大衆尙未成爲讀者，同時，修養厚見解深的批評家也還不多見，貴賤高低仍混沌不明。批評只有作者及作品之分。作品的批評常統之爲書評。

那麽，在工作的性質上，書評家和批評家果然不同嗎？我們禁不住要這樣問。設若是，差別在那裏？更要緊的，這種差別是無從或不必消除的嗎？

許多美國的書評家驕傲地說：『書中有新聞』。區別和攻擊書評的人常把這點做爲主要論據。一個美國領袖的書評雜志在社論裏曾說：『一篇爽直的書籍新聞總比那些不三不四的批評強。書評可以側重評價，但所評的既是新書，就必須含有充分的新聞性，就得是新聞纔成。本誌對於評價的工作加以重視，但一篇書評須有三分之二至少一半是新聞。我們提倡這種新聞的書評。我們提倡用寫兇殺案的本事來寫書籍新聞。』（註三）

無疑地這種提倡要遭到同行的否認，批評家的藐視，和讀者的不信任，因爲這辦法蘊藏着無限危險：匆忙的記者先生抓到了一本書，隨手翻出一段『新聞，』坐下便寫了出來；不問該書的全部價值，不問讀者客觀的需要。雖然不少書評家否認這傳統，但現狀卻在證明着它的存在。這條路沒有一個批評家肯走的。所以，在這點上，兩位同行中間像是有了極明顯的差別，但這差別是由於書評家走了歧途，輕視了批評的尊嚴。

有的人視書評爲介紹，因爲牠扼要簡短，極少指摘。但這實不是一個可靠的差別，因爲貶責的書評也是常見的。如果介紹是爲作者及作品有所申述，那是無論書評或批評都應包括的成分。但僅有這點介紹性的申述既不成爲書評，更算不得批評，因爲它缺乏客觀的判斷。不幸在中國許多批評好友著作的人實際上卻只做了介紹的工作。

另外有的人認爲差別是在對象的不同。（註四）批評家的對象是作者，所以要側重一本書在學術上的地位。書評家的對象是讀者大衆，因而必須多做內容介紹的工作，並負有代替決定『買不買』的義務。一個批評家纔有權力指摘毛病，糾正錯誤。書評家充其量只是個『報告者，』在一個未讀過原書人的面前。所以今日書評大部篇幅是用在原書的大綱上，在尾端放上『人手一編』一類的推銷話。書的頁數計算得很準確，自己的見解卻忘記放進去了。而批評家呢，則可以忘記那七八頁逐句的勘誤表將如何令讀者頭痛，那些專門的考察如何使一本淺顯的書被學究的道袍掩起。那種口氣，那種目空無人的態度，使讀者連原書一併怕了起來。不，書評家與批評家不應在這點上分手。一個不顧讀者的批評家和一個忽視作品背景的書評家一樣不中用：因爲他們同有着解釋和判斷的雙重義務，同須做一個『精細讀者』的結論。那結論也同是個人的試驗的。沒有批評家能做最終的判斷。沒有書評家在書評裏可以把評價完全摒除。

類似上面的是一些人把差別放到深廣度上。（註五）這似乎便是穆雷所提出的。一個書評家的領域是手邊那本書。他無須顧及那書與原作者其他著作的關係，更用不着問它在文學史上的地位。批評家呢，自然就該忘記讀者對原書內容了解的程度。他只須證明在這本書裏作者創作能力已經如何退步，或竟破產。說着這本書遠遜於法國的象徵派某某大師，但第三章又頗有南歐作風一類的話。指天畫地，把讀者說得茫然，把作者氣病。如果這種差別已經存在着，我們應鼓勵它存在下去嗎？一個對文學史潮無清晰概念的人不應充文藝書評家。對某某作者一向作品毫無夤緣的人也永不能對那人零星的文章說極公平的話；因為了解是一切評價的基礎。文藝是積續的工作，是和作者生活分不開的。缺乏了這種透徹，一切皆易成為陌生。所以，如果這種差別存在時也只是程度的，量的，卻絕不是種類的。

如果世界總颳順風，我們想像二十年五十年後的中國將如何了呢：盲了若干世紀的大衆將睜開了眼；一本應時的書動輒銷到數十萬；報紙成了忙碌人的經卷，供給着百萬讀者以一切的知識；那時，必有一些嗜書的青年坐在報館裏，做着每週新書評論。機輪飛似地旋轉着，旋轉着，等着這青年的書評稿。那時，情形或將促成了同路的分野，不幸的分野。

在那馬達時代未臨到以前，如果從事批評的人建下堅固的壁壘，避免工業生活襲入後的隔分也是可能的事。在實質上，這兩位同行不應有差別。批評家多往深處走一些，但書評家還須在廣遍上着力。書評是爲非專家的一般大衆所做的批評。在形式上，它似淺近些，但同批評家一樣，做書評的人應有清晰的史的概念，對於作家應有親切的認識，對於文章應有透徹的見解。書評家的工作實在更艱難一些：他不但要有正確的議論，並須能以活潑明顯的言語傳達給大衆；他不但注意內容和意識，同時也不漠視裝幀的美觀。在主觀的理想的評價的成分之外，還要顧及物質的功利的部分。像個小學教員，他懂得的很多，卻能用忍耐和機智管住自己。解釋而不命令，陳述而不說教。既要保持自己主觀的見解，又要時刻顧到客觀需要。這不是件輕而易舉的事！

更艱難的，書評家接觸的多是新書，且常是新進作家的書。批評家可以由書櫥底層抽出一本十八世紀末葉的傑作，在百餘年內多少聰明人的評論上，再申述自己更聰明的意見。但這種風雅的事書評家是沒分的。五千本書已擺到書店裏了。他的讀者立待他說幾句乾脆的負責話。他不能忍心任他們等着，自己坐在沙發上翻看心愛的迭更生。他得放下一切心愛的，傾心而迅速地讀完那本書，提筆寫出簡扼負責的意見。不但述出本書的梗概，還須判明它的價值；僅自己主觀的欣賞不夠，還得指出它的用途。

遇到新進作家呢，面前直是犯罪的網，書評家隨時可以陷落的。過分的獎譽將鼓勵起這新人的浮燥，而常常一本太不成熟的書幾乎糟到不容人說一句好話。若是老實指出了毛病呢，至少兩夜不能安眠：一個酷愛文藝的青年，絞着腦汁寫出這本書，苦苦地討得了出版家的恩典纔使這處女作得見太陽。他是多麽需要鼓勵呵！他直像求着你說一句好話我就寫下去了。如果我努力，我將能寫得比這好許多。不錯，每個大作家的初期作品都不是成熟的。站在面前的就許是個未來的大作家。但這種預支，這種通融，卻最易喪失批評的尊嚴。

這些問題卻不常難住批評家，因爲『流行』的書是『流行』書評家的領域。但支配着大衆思想的卻正是這些流行書。

我們需兩個批評學者，六個批評家，五十個書評家。

註一 見Tradition and Experiment In Present Day Literature Address delivered at the City Literary Institute, London. Oxford, 1929 p. 215 On Criticism

註二 J. M. Murry: Countries of The Mind, p. 239 London, 1922

註三 Saturday Review of Literatur`, Jan. 30 th, 1926

註四 E. Edward Rees: Publisher's Circular, London

註五 Wagne Gard: Book Reviewiug, N. Y. 1928

第二章　書評家

五　平衡心

一個多事的人在新共和週刊上，用自述的文體給現代美國流行書評家畫了一幅諷刺畫：

『許久以前人們勸我非提筆不可。而且，他們特別指出我有批評的天才。這話不假，我自己也知道的。我喜歡玩弄文墨，把不同的字句拼湊成不凡的意義。認眞地把黑白分辨出來是太明顯的事，我不屑做。我愛把黑的由不太黑的中間提出，這我永會做得很漂亮的。我沒有讀過半本偉大的著作。對於過去我只有片段的印象。但對於人物我卻有主見的。我能分出誰是作家誰是檻外人。因此我用不着批評的基準，我討厭那些。

『大體說來，壞書比好書容易批評。一本我未讀過而要提筆批評的書總得奉爲傑作的。你把糖果給錯了孩子沒干係。罰錯了孩子一定要露馬脚的。給風行一時的書一個迎頭棒比由漠視中拯救出一個無名作家可有趣多了。

『我對於作家個人有興趣。他們的言談，爭吵，版稅，離婚和行蹤都是有趣的事。和他們見面對我的批評工作總有很大影響的。如果天爺或國家銀行肯給我一年休假，我想我眞該安靜地讀一些古典的傑作了，省得裝在我腦裏的只是銷路和臉貌。

『成千的讀者買登載我的書評的刊物。我假想他們讀。旣讀，我假想他們懂了。因爲他們並沒有說什麽，我假想他們同意了。但實際上，十分之一不同意，十分之一不懂，剩下的十分之八根本不讀的。

『面前是一本小說。它那新頴的裝訂卽刻引起我的好感如果沒什麽惹我反感的我就把這本帶回家去看了。如果這本書的作者是個無名小輩，我便可以決定它的內容糟糕了。

『到家了。我坐在安樂椅裏讀起這本小說來。開頭那獻辭就俗不可耐。這必是一本庸俗的書。我看完十頁了。我差不多可以斷定其餘的了：幼稚，膚淺，幽默，平易可讀。我隨讀隨在書上留些記畫，預備引下來指摘作者的。好，我可看完了。鬼知道它講的是些什麽！鬼知道我有些什麽意見！天是不早了，我得去睡覺。

『次晨我提筆批評。我的印象確定而又十分模糊，我點上枝香煙，削了六七管鉛筆。我纔知道我無話可說，除了昨晚寫在書背上的幾個字。於是我得祭起我那形容字的法寶了。它們在過去多曾搭救過我的。瞧，來了：「逼眞，」「欠妥，」「生動，」「拙笨」……我還得把動詞請出來充當巡捕，使這些形容字魚貫而行，不相擠碰。

『我還得承認我從來沒把作者和評者中間的關係弄淸。在我想，那關係不是勁敵就是寄生蟲。我是一隻蝨子，吮着作者的血以苟活。』

這幅諷刺畫的主人翁當然是一個典型的壞書評家了。他的失敗根源何在呢？很明顯地，他不曾親近過偉大的文藝，缺乏文學的修養。但這並不是他失敗的根本原因。他最初的錯誤是他不應該從事書評，因爲他的性趣不在文藝本身。

第一個條件書評家須是一個愛書的人。如果把話說得響亮些，就是一個關心，護衛，促進文化的人。他不是一個爲圖工資而服務的乳母，他是愛護孩子的姨姑。書評寫作可以解決他的生活，但在他選擇這職業時，必須另有一種理想像個中古的騎士，他自薦地要保文化的鑣，不使它爲劣品所腐蝕。還要有一種火熱，恨不得每一本自己欣賞過的好書都爲全人類讀到。有着這種動力的人方可寫書評。因爲好的書評如好的政府一樣，缺乏了眞誠與理想是不會成功的。

介紹別人讀書不是一件容易事。學堂裏總不缺少一些『書迷』，懷了彭公案征東分給同窗看。但事實上，他並不能由十本小說裏選出兩本最好的來。或者縱使選了出來，也不能指點它們是怎樣好法。這種『書迷』雖然有了那種火熱，可還不夠。他還須是一個天生敏感的人。在書本裏，他能眞切地看到書中英雄的丰采，明白他的心地，覺出他的氣概來。當一個惡棍被捉殺了時，他能感到痛快，但遇到英雄陷在深閨裏，困在矛盾的心情中時，他也能感到苦悶。他爲眞實的幽默預備了暢懷的笑，也能被崇高偉大塞住呼吸。他不但深澈地了解書中的人物，還能透視作者的心意。把握到作者的企圖後，他還能冷靜地衡量作者的成功。因此，即在千軍萬馬亂戰中，也仍能跳出想像的圈外，把當前的景象客觀化，檢查有沒有破綻。他必須能重新經驗原作者的想像，而又不爲那想像所惑。他應是一個『聰明的懷疑者』，這裏僅僅敏感又不夠了。他的工作是雙重的：他須是一個傾心專注的觀劇者，又須是個行家，是個偵探。臺上的小生唱工絕妙時，他能忘情地享受；而遇到那小生做工不妥的地方，他仍即刻能看破馬腳。果如尼琪所說：（註）一個從事批評的人須兼有綜合的『想像』及『科學』分析的本事。前者是每一個嗜戲的人都有的。批評的人在看戲時應比一般觀衆的情感多，而看完了戲又要有比一般觀衆多些的理性來評價。因爲書評者須是一個能統馭情感，喜好公正的人。莫泊桑在 La Roman 裏說：『眞正夠得上批評家的應該是一個不偏不欹，無意氣的分析者。正如一個繪畫的賞鑑者估定着作品在藝術上的價值，如何他須能寬容一切，犧牲一切去鑑賞並發現和他性趣不投的作品，公平得像一位審判官。』

這種情感和理性皆需要的工作可不是一個癲狂的『書迷』所能擔當的了。這兩種心理效能的平衡之難求是人生苦惱的大淵源。但書評這工作卻正需要這平衡，因爲任何一方的偏倚都難充分地發現原書的價值。

惟有一個神經健全的人纔能獲到心的平衡。惟有在平衡的心情下纔能欣賞而不爲情感所

惑，評價而不爲個人好惡所左右。欣賞個夠，看個透。

註 Nitchie: The Criticism of Literature, N. Y. 1929

六 知識與品味

具有那種平衡而又是個愛書的人，若不怕委曲自己，可以向書評這條路張望了。而且，如果肯努力，是不必憂慮失敗的。因爲沒有人在自己最高興做而又會做的事上碰壁。

對於不慣於生活在書籍中的人，書評的職業自是苦不堪言，像前節諷畫裏的人，書將成爲他世上最大的仇敵。如囚犯的漫漫長夜，打發完了一本又來一本，書隨着面前的日子湧湧堆來。但一個愛書的人覺得這是個優遇：不花錢看書，看各種的書；還能把意見告給千萬肯出錢聽他的同類；月底還有解決生活的稿費。所以書評是愛書的人理想的職業。

但僅憑了那片熱愛仍是危險的。話仍可以說錯，書仍可以胡評。修養——文化的背景，是從事批評者最重要的準備。一串批評的習用語是毫無用處的。批評的格式更不必學習。那些都是書店廣告部應具備的知識。書評家所要的是如何分出正誤美醜來，每個書評家都須造他自己的顯微鏡、自己的尺。武術也許能傳，但這批評的衡度器卻沒有人能代造。製造這工具的原料是知識和品味。

品味(Taste)，或藝術的欣賞，又是個不可捉摸的東西。一個有美的修養的女人能以極素淡的服色在觀者心中引起無限的愉快；可是一年一度隨了婆婆逛大鐘寺的鄉婦幾乎把她衣箱中所有鮮豔的寶貝全穿掛上了，而使人看了反嘲笑不堪。每個念書人幼年都曾愛過幾本現在不屑提起的書能？十三歲時，我見了誰就誇七俠五義，後來我纔明白使我高興的只是那『熱鬧』。一個系統地讀着書的人天天都像在爬竿。今天看不起了昨天愛的那本。不摸外國書時，國內知名的作家幾乎本本是傑作。剛看完一本左拉，或者屠哥涅夫，聽罷，他不滿意的地方多了：這本書的心理描寫不親切嘞，那本書的煞尾又不妥當了。眼高了，什麼都看不上！他狂妄了嗎？

不。讀書的經驗已爲他製下一把尺子了，雖然是粗糙的。他再不甘囫圇吞棗了。那把尺，那座顯微鏡，也只有這樣讀下去纔製得出。一個想養成衡度能力的評者，像一個學習創作的人一樣，不是去參閱什麽批評方法論或小說法程。人類智識想像的文庫是最好的學習課本，要求批評的本事只有先去讀最成功的藝術作品，而且是各派流各時代的作品。因爲眞正的品味應有最多量的經驗與反應做後盾的。狹窄的心胸不能接近多數作品，因爲偏見是欣賞的勁敵。

『木刻展覽礙不着我，我的領域是文藝，』這話講不通。一個想養成品味的人不但要無成見地親近一切偉大著作，還要去欣賞一切其他藝術，因爲藝術本是相通的。貝多汶的第九交響曲並不和斯文朋的詩兩樣，明白中國繪畫的人去瞭解印象派的作品容易多了。雖然各門藝術在形式上表現方法不同，最終的求『美』的企圖卻是一致的。在沒有新式劇院的中國，想明白舞臺劇藝術的人連好電影也不可不看的。（自然辭發梨的××豔史不必看！）因爲這些都能幫助你把捉一個不易把捉的東西——什麽是美，怎樣纔是藝術。

爲什麽一個曾欣賞了許多偉大作品的人，有時看到了像『埃及皇后與安托尼』一類歷史劇仍不能產生滿意的反應呢？因爲他缺乏羅馬史的智識，因而歷史的想像也薄弱。所以有了高尚的品味還須取得輔佐那品味的知識。

當然，一個批評光學的人須懂得物理。但即批評並沒有那麼明顯智識的書時——像小說，知識也還是需要的。對於五四以來中國新文學的演化毫無歷史觀念的人那裏配安排作品的位置！而批評的工作一部分即在安排。子夜在茅盾創作過程上及在新文學史上的地位是怎樣呢？對於世界的文藝史也不可馬虎的，因在這世紀裏，『中外』已成了休戚相關的一體了。

僅僅明白子夜的地位就夠了嗎？它所描寫的是怎樣一種現象呢？吳蓀甫的失敗代表誰的失敗呢？對於社會經濟一竅不通的人卻說不出了。哀律葉特指出生物學人類學，哲學為一切批評家所必知的。伊思曼（註）又特別指定心理學。這樣的苛求也許使人不敢投身批評了。

但一個不以專門著作為對象的書評家所應具備的只是『各科常識』。不要管那些大學者指定了什麼，一個堅實的文化背景為書評家及一切新時代公民的隨身寶。與其說得懂這些本書勿寧說得多明白些生活中的人情道理。就不做書評家，你可以忽略國際聯盟的現狀或人類行為規律嗎？

只在書中耕耘是不妥的。馬修士(Brander Matthews)說『批評家的眼盯住了過去。他們很少明瞭現實的價值，對於未來就更猶豫不定。』這種傻氣都是由於死抱書本的緣故。因此，他們只會說『這本書像巴爾扎克的什麼，』卻說不出這書本身的怎樣來。

一個理想的書評家要具有足用的知識和品味的背景，對着實際生活又懷有莫大興趣。歷史沿革對他不生疏，而拾起每本書來，他仍能持涉獵的好奇心發見它自身的價值。

註 Max Eastman: The Literary Mind, p. 268 N. Y. 1932

七 書評和做人

遊記作家弗思特(H. L. Foster)寫信給一個書評週刊的編者抱怨說：(註一)

『我有一本東方遊記爲一位女書評家給罵個一錢不值。後來我一打聽，原來她也到過那裏，回國來想出版她自己的遊記而沒成功。再有一本墨西哥遊記（有一些地方指摘了歐伯恭，那時適爲墨國元首）又給另一位女書評家罵個淋漓盡致。原來她當過歐伯恭的祕書……』

書評家既有執行裁判的職務，如果缺少了公正的心，則一切評語皆難爲讀者折服。偏見是誰都有而又是誰都想免除的。批評家不是超人，所以主張見解上的頑固是難免的。但偏見因着不同的動機而有不同的性質。難免的是『無意識的偏見』——一個竭力改正自己而仍那樣相信的。不該寬容的是『有意識的偏見』——屈着良心說話，因爲那即是不公正。前面的兩位女書評家的偏見可算是有意識的偏見。一個進步中的書評家應革除一切有意識的偏見，同時還應發見克服自己無意識的偏見，因爲那是健全批評的絆脚石。

不公正的書評不一定都是破壞的。有的是勢力的。有些書評家專喜歡在大家同聲贊譽的名作上當頭一棒，但隨聲附和贊譽的總居多數。老婦譚的作者在批評 Edgar Wallace 小說的時候忿忿地說：『所有喜歡書的人都是勢力鬼，特別是那些眼光遠大的。』(註二)其實，明白了人類心理上那容易受催眠暗示的懦弱處，對於這種勢力心也可以原諒了。孟羅在戲劇的嘗試裏不是說：

『如果你看到一個著名諧劇角色登臺，你必朗聲大笑。只要他稍稍引動你一些，你即刻感到他十分滑稽，你佩服了他的名氣。但如果你無論怎麼樣逗引自己也笑不出來，你必即決定他是冒充，並且爲這落第的發見感到欣快。我見過一個劇院的觀衆，在劇情無可發笑的時候哄堂大笑——因爲他們想是某某人寫的就一定可笑。即至發見並不可笑時，他們決定這某某人失敗了。』（註三）

這點糊塗在羣衆裏容易瞭解，在個人就近於瘋狂。這種勢力的偏見在觀衆可以寬恕，但一個書評家非跳出這圈子不可。

一切把注意由作品移向作者身上的書評都不容易避免勢力的。時常我們讀到『××博士在中國社會學界可說是老前輩了，他的×××當然值得我們注意。』一類肉麻的恭維話，好像一個博士寫出來的必是天書似的。勢力更露骨的：『雖然在本書出版前，坊間已經有過同類的書籍（例如××的，）但本書的貢獻不能不算第一。和它比較起來××書局所出版的那本簡直沒有發行的餘地了，』竟抑此揚彼了。一切不就作品說話的書評，或捧或貶，同有勢力嫌疑的。

那些就作品說話的就都不勢力了嗎？當然不。事實上，注意力不平均的分配也是不公正的。書評家不僅要評介已有的，他還要鼓勵未來的。如果十個人已批評過阿Q正傳，你又並無特別高見，就該看看比那名望小的作品中有什麼可評的呵！根據調查，美國書評家也犯這毛病的。在一百本書裏，愈流行的書，批評的人也愈多：（註四）

評次數	書數
3	12
4	24
5	26
6	13
7	12
8	6
9	1
10	3
11	1
12	1
14	1
	100

偏見的避免是消極的。一個公正的書評家不但不應冤枉著作，還得切實地發現它的價值。因爲泯沒了價值，書評本身也成爲廢物了。

發見價值需要的不是嚴厲，而是深切的同情，一種想了解作者認識作品的眞誠。偏見多半寄生於狹窄的心裏。沒有博大的包容一切的胸襟是不宜於從事書評的，因爲沒有作者能和評者處處吻合的。偉大的著作不容評者踩在它身上端詳。它需要肯鑽入它懷裏的評者。嚐它的味，呼吸它的氣息。只有那樣纔能發現它的內在價值。

在過去，書評家的聲譽是頗狼籍的，成績是一個『狡猾的挑剔者』的封號。這自然不能蓋在一切從事書評的頭上。但許多書評冒端的口氣已暴露出評者的惡意了。聽罷，『據近日報紙的廣告，××的××，好像已經續版好幾次了。可是，不幸得很，這書實在要不得，因此，我今為這本書作一次解剖工作。』批評好像成為揭發的營生了。另一位勤奮的書評家竟為『原書共九十七頁譯文不到三萬字』的一本書寫了一篇『達萬餘言的評文。舉例已到第九十五頁，即文中誤印之字也一個不放鬆。』可還口口聲聲說『若把不妥的地方一一指出來，那就斷非本文容納得下的。』這樣的凶狠狡譎去做屠戶放印子實在比寫書評更適當。

同情和感情是不能混談的。

『××兄是我的至友。讀他的詩就能想見其人，所以我在此介紹他的××集。』這不是同情。假如作者不是至友呢？真的同情只是抱了想發現一切好處而對毛病也不馬虎的心。先有了『好詩』的偏見不是同情。偏的同情只是感情。同情幫助我們欣賞，感情卻是迷眼的沙子。『他寫的紅葉是我們那次去西山看的。』那詩中的紅葉對這熟人就隔膜了。於是，在書評裏他所詮釋的，只是評者和詩人同看的那片紅葉。

批評中涉及個人最易揚起感情的沙子。十九世紀初葉的一位大詩人在一篇論批評的文裏就儆戒過：『只要評者一顯露他的所知道的作者多於書所能告訴他的，他的貶責卽刻成爲攻擊，他的譏諷成爲侮辱。』（註五）事實上，一個人做了一本書只應負那本書的責任。但在罪及九族的中國，有時連那人的樣貌都成爲箭垜。在書評煞尾常見『評讀之餘，眞不得不爲之投筆三嘆』一類的憤慨話。這眞是不必的。不然，書評家的性命豈不危於炭礦夫！

有的書評家卻認爲個人私事是無從避免的：『書評家的領域不僅限於刊印出的文字。他的職責既在詮釋，則個人私事當亦可引用。我眞想不出如何在作者與其作品之間截然劃一分界。說作者是個出名酒徒的確難堪。但若果屬實，就不無關係。把著作印出的人當然要公開地任敵人或朋友說話的。認爲作者人格行徑與讀者評者無關是荒謬的。誰也承認西方平靜無事的作者是德國人，並曾參加歐戰的。這種事實幫助我們了解欣賞他的觀點。』（註六）雷馬克是好戰受挫的德國人。這事實當然與他的非戰作品有關。至於酒徒的話，除非他寫的是醉人心理，不然，就應摒除。如果評者所舉的個人行徑與作品不發生因果的關係，這引用不是愚蠢就必出諸惡意。

和輕易下斷語相反的書評家是那些因循懦弱的。通篇吞吞吐吐；纔指出一個確實的毛病，又忙用一句空的好話掩蓋起來。在煞尾還直向作者道歉，聲明自己並沒有惡意。若評者信得及自己的忠實，這是不必須的。

書評家最基本的態度是誠懇。

我很愛聽評者說：『此書已出版多日。可是我看見的很遲，未能早日閱讀。現在既已讀過，便發見一些錯誤。茲爲尊重事實起見，特將管見提出，以就正於著者。』不錯，話乾巴巴，不漂亮，但我卻看到一張嚴肅眞實的臉，不卑不妄地報告着自己的意見。這方法也許笨一點，但這態度極難得。俏皮話就常欠忠厚。比那更壞的是原書並未詳讀，只抓到一兩個小錯，死死不放。書沒看到一半，斷語卻刻在心上了——甚而未開卷已有結論。

誠懇包含公正，同情和其他一切美德。沒嫉妬，沒有偏見，只有一顆清澄熱烈的心。不馬虎可也不拘守固定標準。不毀詆也不胡捧。對自己有信心，而又永不視自己的批評爲最後的。隨時抱着探險嘗試的精神」

書評家需要什麼態度呢?他只需要人的態度——一個好人,正直,有心肝的人的態度。生活和工作沒有分開的可能。一個生性刻薄奸詐的人爲商必賣日貨,從軍必開小差,寫書評也無法不寃枉作家委曲作品。一個自信良心未喪的人,若還貪愛智慧,擁護眞理,就可以走向世界各角。

書評自然也需要他。

註一 Rap For A Reviewer-Saturday Review of Literature, March 10, 1928

註二 Evening Standard, July, 1928

註三 C. K. Munro: Experiment in Drama, p. 129

註四 School And Society, Dec. 31, 1927

註五 Coleridge: Biographia Literaria, 1817 Chpt. XXI

註六 Heywood Brown, In The Nation, Feb. 19, 1930

第三章　閱讀的藝術

八　經驗的匯兌

書評家既也是個價值的判斷者，那麽，認識價值當然是最初的最基本的步驟。多少不恰當的批評並非由於評者缺乏見解。有時候見解產生得只太快了一點，尚未把捉作者的意向，便抽出結論來。於是，曲解，謬解，在在都使原作者憤憤不平。在這種場合下，筆墨官司將無從避免。作者求了解的慾望將使他不甘緘默，而評者為支撑批評的尊嚴，又不肯認輸。雙方破口駡了起來，壁觀的讀者茫然不知所適。如果誤會是在評者方面則馬腳終有一日將為讀者偵出的，那時，批評的信用也即喪失。為穩定批評的立場，避免這種社會的浪費，書評家應把『善讀』的藝術視為基本的工作。

文字是天然含蓄的東西。無論多麽明顯地寫出，後面總還跟着一點別的東西：也許是一種口氣，也許是一片情感。即就字面說，它們也只是一根根的線，後面牽着無窮的經驗。字好像是支票，銀行卻是讀者的經驗庫。『善讀』的藝術即在如何把握着支票的全部價值，並能在自己內在的銀行裏兌了現。

訴諸理智的價價比較容易把握，因爲一切論事實講學理的文字票面開得都比較明白。只要懂了大體的意思，字裏行間的埋伏並不多。而且，經驗庫裏理智的部分總安排得井井有條。訴諸情感的，價值比較就飄渺無定，難於把捉了。票面的數目總是騙人的謊，實數是無限地大。一個字在經驗庫裏也許能兌現出十年的悲喜來。它不像理智的價值，條理素淡地陳列着。

訴諸情感的價值裏有着繽紛的彩色，禽獸風濤的鳴聲，各樣的觸感，各樣的嗅覺；而隱藏在這些裏面的也許還有個理智的價值。如果你不曾感覺出這些，那價值就無從捉到。（那價值似乎永不能爲人全部捉到。）如果在你經驗庫裏沒有那些現款，縱想感覺，也仍難兌現。無怪嘉賴爾Carlyle 嘆道：『當我們能好好讀懂一首詩的時候，我們便都成詩人了。』

一個忠實的讀者若想把捉作品的充分價值，必須先重覆原著者創作時心理的過程。不同的，這過程在讀者心裏是倒轉過來了，並且增加了速度，像一個德國詩人所說。一切詩人當時所有的心情和影象都須重現到讀者的想像中。這種交替程序在詩人與讀詩者的關係間特別明顯：

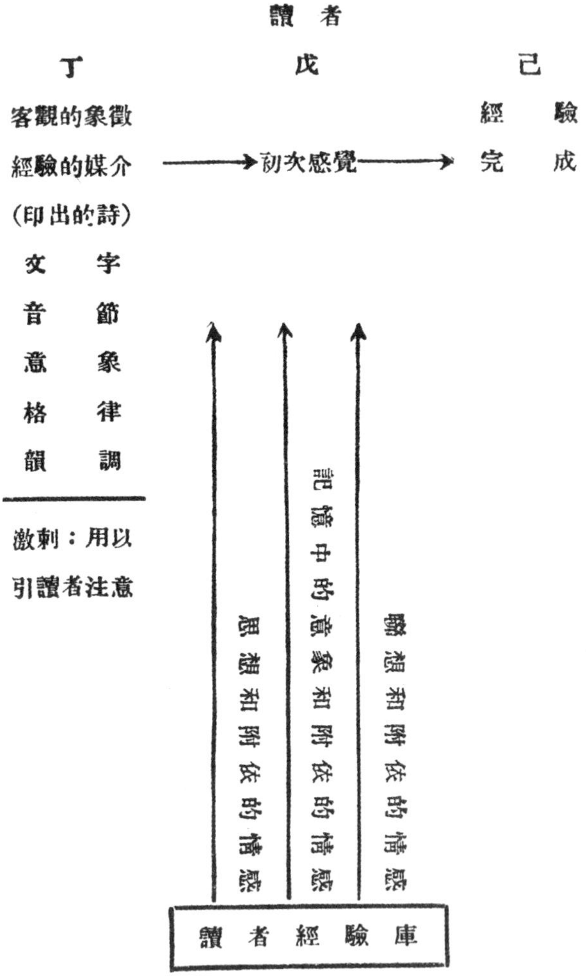

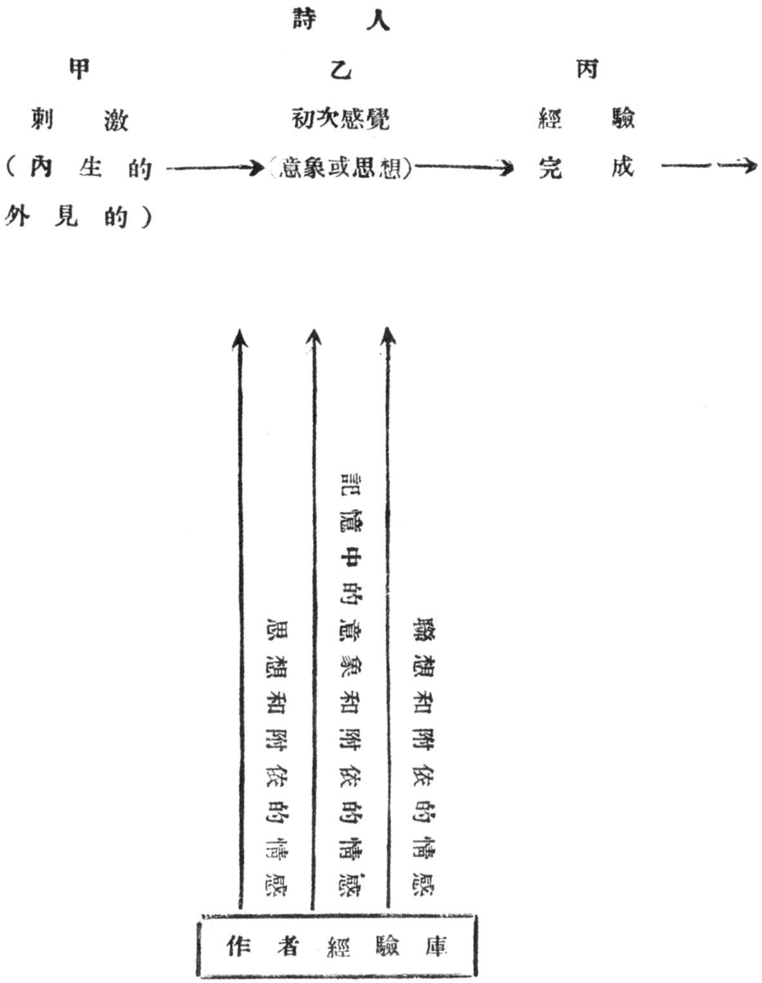
詩人
甲
乙
丙
刺激
（內生的
外見的）
初次感覺
（意象或思想）
經驗
完成
思想和附依的情感
記憶中的意象和附依的情感
聯想和附依的情感
作者經驗庫

精確的閱讀本身便有着批評的功能。晦澀模糊的閱讀有兩個可能的原因錯若在讀者，有時是經驗庫的空乏，有時，是因爲心緒不佳——像消化不良或焦燥發怒，都足以閉起經驗庫的大門，但另一個負責者便是做爲作者與讀者媒介的作品（丁）。如果作者不曾用充分恰當的文字把他的經驗渲染烘托出來，讀者是無從兌現的。一個『善讀』的人，這時便會跳出圈外，檢查媒介的完全性和適當性。

善讀的心理程序不止於經驗的接收——那全然是被動的。讀者還要體驗，詮釋，將接收進來的經驗客觀化了。聖柏甫曾說：『批評家也不過是善讀並且善教人讀的人。』這話不曾降低了評者，卻指出了一條正確的路。

九　心情與效率

學堂裏用平板的聲音鼓動着嘴脣誦讀着的好學生常是較笨的。那個在淘氣倦了，把眼睛在書上東西巡逡的，考卷上倒常有最值褒獎的答案，他記的分外多，用得又恰當。

『一目十行』譬喻地說來只是閱讀能力的極峯。順着那溜尺，我們還能找到七行的，四行的或半行的，『好眼睛』並不是一目十行的主要原因。閱讀能力最大的來源是了解力，因爲如果覽遍十行黑字而未能抓到字與字間的關係，這『十行』的力氣是完全浪費。許多閱讀迅速的人卻只在計算着字數。

無疑地，秉賦的智慧率是了解力的支配者。凡曾教過中小學的人一定能知道這點老天的不公。一個聰明的孩子讀過一段英文故事後，腦裏能有幅圖畫。次晨先生問時，他能離開書本，把腦中的印象重新整理起來，用自己獨立的語言述出。笨的，除了一具不大靈活的記憶箱外，再無別的倚賴。缺乏聯想將使一切經驗停兒。

自然，生理的構造也不可輕忽的。近年來科學家漸在人類智力與生理間發見了一條相通的溪流。一個低能的人痴像是意中事。雖然了解力是掘發內容的工具，靈活敏捷的眼在量的上面卻有極大用處。眼睛不能旋律地在書上跑自然使閱讀遲慢。唇部過度運動，微聾的耳，不健全的視覺（包括眼部的肌肉活動）都是不利閱讀的。

後天的教育自然也與閱讀有密切的關係，因爲教育的主要目的卽在訓練腦力和感官各部的運用。根據哥倫比亞教育學院的研究。（註）孩童習外國文太早是有害於將來閱讀能力的。過度和過少的發音訓練都是不利的。認識字太少是一個普遍的閱讀困難，因爲生字刺眼，使它怔忡不前，以致興趣中斷。經驗不廣也有着上面同樣的不幸。

除了這些以外，心理的狀態也是決定閱讀速率的主要條件。一個爲查字而翻閱字典的要比一個抱着字典死讀的快多了，因爲在前者心裏寄藏着一個待解答的問題，一個得滿足的熱望。閱讀教科書要比看小說慢多了，因爲後者有一條連續的線索牽着注意。但在思緒方亂的時候，縱讀小說也等於浪費的，因爲不寧的情緒成爲一道閘，一個兇兇的闖入者，對於傾向書本的注意力永懷着嫉妬。

除掉智力和生理部分，增加閱讀效率的基本辦法是藉讀書與人事擴大天際線，充實自己的經驗庫，使紙上的符記能兌現出來。有了這個，應再養成好的閱讀習慣。

『開卷有益』是不確切的格言。缺乏目的地讀書極難引起興趣，因而也得不着好處的。所以健全的閱讀習慣的初步應是『開卷有意。』這『意』也許是求某疑問的解答，也許是尋找一個奇蹟。但『意』是個鵠標，督促着引導着工作中的心智。

自然，別找臨窗的座位，車馬在眼睫下穿梭着。也別偏坐一隻硬板板的椅子，害神經不時得分身去慰問疼痛的肌肉。身心在舒服的狀況下，纔保持得住平衡與專注，纔能增加閱讀的效率。

有『意』的閱讀的心理狀態也不一致的。有時僅止於欣賞享受；有情感，有聯想，但缺少反省，所以始終是接納的，而不進取地批判。反省的閱讀主動的成分比較多。理智像個檢察官，坐在高處：觀察，分析，評價。隨讀着隨整理，看看有什麼未詳盡的，尋找着有什麼不妥當的。書評家的閱讀須兼能欣賞和反省。

註一 Columbia Teachers Contribution To Education No. 129

一〇 認識：四種意義

閱讀的全程是認識——整理——詮釋——評價。

一切觀念或印象的原料都來自認識。如前面說過的，充分把握作品的內容是最基本的工作。心理的和生理的健全舒適是認識作用的必需條件。任何一方的缺陷都足以產生不正確的意義或不周全的影象。這是最艱難的工作。因爲牠密密地連繫着下面三步。它的極小錯誤都能影響閱讀的全程。

文字眞是個難捉摸的東西。每個作家都有他自己的擺佈法，顚倒一個字能把通篇意旨全變。科學的訴諸理智的文字比藝術的訴諸情感的文字容易把捉多了。而訴諸情感文字中的詩歌尤難把捉。說詩是一切文字中最艱深的並不爲過。素來吟詩的人可以流淚，可以擊案叫絕，卻不會說出它的妙處。講古詩的國文教員除了咿唔地和學生相對搖頭，似乎再無其他表現途徑。文字一向是拒絕科學分析的——所以文法總得尾隨着文字演變。詩呢，簡直就不准一個除了流淚擊案以外還別具野心的讀者親近。多少讀詩的人連這第一關——認識，也通不過，難怪他說不出所以然了。難怪他無從批評了。

但想知一切底蘊的科學家們終於不死心。多少文字上的研究工作在進行着。直到今日，似以意義學的作者呂嘉慈教授 I. A. Richards 爲成功。（註一）爲輔助認識他的『四種意義』是極應在此推薦的，（註二）因爲卽詩歌也脫不出這個範疇：

（一）『物』Sense。這是一個難譯的字。記起了『言之有物』那句，我想『物』可以暫時代替了。這是鑑賞人所要知道的，詩人所要說的一件事實，或一宗意見。在一般的寫作裏，這是最重要的，但也是極明顯的。在詩裏，這不一定重要，可又常難把捉。讀來很順口的詩我們不一定能看出怎樣一幅圖畫來，也更不一定明白詩人講些什麼。但詩仍是可愛的。若想眞懂它，『物』是必須把捉到的。

（二）情感 Emotion。作者對於『物』所持的態度，喜悅或是厭憎。在不以感情爲主題的文字裏，這還頗難偵出。

（三）口氣 Tone。作者對於讀者的態度。這是一個極微妙的關係，在演講會裏，自然是極易聽出的。但一首詩的口氣卻不那樣明顯了。不明顯，可還是一樣覺得出的。這也就是一些人天眞地說：『他很好，什麼都懂，就是一拿起他的書來我就頭痛』的緣故了。常常這關係連作者本人也不知道——很少作者創作時把讀者放在心上的。他不應該那樣。但是一個在乎作品效果的作者卻常把讀者讓到對面，與他共分一段經驗。但這也不必須的，因爲一個藝術成熟的人落筆時直覺地會與讀者支撐一個適當的關係的。

（四）意向 Intention。一個有意識或無意識的目的。這也是意義的一種。輕忽了這層，常使作者的努力歸於白費。讀完了哈代的一部小說，除了那慘淡故事外還應明白哈代是在疾聲喊着：『都是命。人做不了主！』據呂教授，意向共有三類。（甲）表現思想，像前例，也是最習見的。（乙）表示對於所說事物的感情，像『咳！於是我就……』（丙）表示對於聽者的態度。

不一定任何文字都有以上四種成分，像數學方式裏不見得有情感存在，純表現的藝術常缺之『意向』的。而且，在每一文字語言裏都自有它的着重處：一篇科學論文的『物』，一首詩的『情感』，議會上一席演講的『口氣』，競選時宣傳的『意向』都各有它特殊的地位。

讀者在認識時，應先把捉最主要的，然後再努力求得全部意義。忽視了情感而僅分析詩中思想的是一個最拙笨的讀者。勃克夫人的『大地』出版了將五年了。這個責備她不應該正月裏吃月餅，那個抱怨住在一個城裏女婿都不去望望老丈人。但對於『大地』藝術，裝在裏面的情感和意向，卻很少人提過。卽至批評到『土地問題論』時，卻又把着重點放在「辭藻流麗」上了。

註一　見 I. A. Richards: Practical Criticism

註二　曹葆華君譯有呂教授論文數篇，登北平晨報。國內致力介紹呂氏者有李安宅君。李君著有意義學（商務一九三四）及美學（世界一九三四）

二　整理與詮釋

一個作者如果不糊塗（他不應該那樣！）對於他的書就一定有個通盤的計劃，一個最終的目標，主要的觀點。認識了作品的個個部分，就應該尋求前句與後句，上段與下段，章與章，編與編的中間關係。再就那關係，像沿了河流，尋覓作者的邏輯程序和寫作本意。認識是分析的，整理應使之綜合起來。

隨讀隨忘的人可瞻仰不着一本著作的統一性。細心的讀者每看完一章都應合上書，閉眼問自己：這段的大意是什麼，作者在本章的企圖是什麼，他如何佈置這局面，以達本章最終目的？這個就需要記憶和卓見了。

聰明的讀者會利用書中每個部分。目次表多參看幾回不要緊，因爲那樣，對於著者的全部計劃就更熟悉。（坐在火車裏常翻翻地圖總有好處的。）附錄與全書必有關係。索引也是爲求讀者的方便。序跋裏常包含極扼要的材料。對於一切想認識魯迅或顧頡剛的人，吶喊和古史辨的序是最好的資料，因爲作者的『意向』在那裏申述得特別淸楚。有時說明着作者材料的來源，像沈從文的月下小景，有時預示了一個新的傾向。整個英國浪漫運動的主張都寫在渥茨華茲的一篇抒情歌集序裏了。在閱讀中，讀者就應該不時參閱這些。到整理時，一個極自然的問題是：他爲什麼要寫這書？如果那序是傳記的或：他的意向成就了嗎？如果在序裏作者宣示要寫一個革命女子的幻滅心情。

以爲認識完了再整理是一個大錯誤。實際上，這四部工作是同時進行的。不過在閱讀中，認識的成分多；讀竟了後，整理又成爲主要的工作了。卽至整理出個統一的型胎時，自然一個粗心讀者所捉摸不到的新意義或影象就活現了出來。這常是著者與讀者合作的結果：用自己的經驗発現了一切，或用心參閱了作者指定的書籍。這時，讀者有資格來詮釋了。
詮釋就是用主觀的語言說明作者的意向。這幾乎是和批評並肩的工作。

第四章　批評的基準

嚴守三一律的古典派批評家所造下的孽使『基準』爲今人看成損害天才的毒物。從事批評的人已是個惡棍。如果再是個有基準的批評家，他便益發該殺了。於是，在一個時期裏，印象的批評走了洪運。隨便的感想順手的意見，評者寫來既不吃苦，作者看到也就嘻嘻一笑。對於愉快永不知足的讀者更是件舒服事。

基準的不需要在美國並且有了哲學的基礎。桑特亞那 Santayana 在『審美論』裏說：『一件使我看了覺得美的東西他也得覺得美，這是講不通的。如果他們具有同樣的感官，同樣的聯想，性格又不相左，那麼就自然同覺得美了。如果兩個人秉賦不同時，這個所醉心的另一個或連看也不看；因爲感覺的安排辨識力既異，對這個是可厭的一堆零亂什物，對那個卻有完整的統一性。若是他根本沒看見，當然沒法強迫他稱讚其美質了。因此，非有同樣的感官不能辨識同樣的美質。但沒有兩個人具有同一感覺功能，也沒有東西對兩個觀察者有同一的價值。』

關於人類感官的大致不差，彷彿兩千多年的孟軻已經說過了。自然那時沒顯微鏡，也許不會調查詳細。但即使人眞是這樣個個奇特得萬里無知音，任何共守的基準都絕對不可能，從事批評的人就不可以獨有個適合自己感官構造的基準，免得這樣飄忽不定麼？

在另一意義上，基準如一切信仰，必須與評者個人成爲一體。古典派的錯誤不在有基準，而在基準脫離了統馭，成爲外界由古代垂壓下來的權威。一個人生活下來若沒個哲學該多縹渺呵！但若每個人都須尊奉孔子或康德，生活又該多麼死板憂鬱，如負重擔呵！缺乏了哲學生活就少了滋味，但只有由生活中體驗出的哲學才能有益生活。沒有基準的書評家時常會忘記自己在做什麼。書評應有基準的，但須是自己體驗出來的基準。這基準應與生活的法則成爲一貫的。它是內在的，個人的，但人與人之間似乎並不如那位美國哲學家說得那麼隔膜。

下面是一些零星的啓示。可不是基準。

二 『美』

觀衆對於藝術的要求複雜得眞是像莫泊桑爲小說家所列舉的：這個說安慰我，給我娛樂，使我做夢，任我發噱；另外那個卻說使我傷感，給我悲哀，顫動我，吸出我的淚；有的求着要沈醉，有的又要清思，要人生的返照。這種色樣不一的賞求雖難應付，然而卻並不曾要出藝術的領域。

美是最難捉摸的。下個定義並非難事。定義不縹緲空洞卻不易了。與其做那種程式的工作，不如讓我們考察一下藝術的已知諸方面。這也僅是本文所能做到的。

一個不容易明白的事實是新聞何以沒有小說動人，模糊的繪畫何以美於畢肖的照像。『眞』若是美的基準，攝影該是最完整的模仿呢。但直到現在還不曾見到它有篡奪繪畫的藝術寶座的趨勢，究竟是什麼一種佐料神祕地運行在那畫板上呢？都說是想像。

想像最初的意義，是：『當物件移開或眼睛關閉時，還能看得見原物的影象。』（註一）羅斯金列舉過想像的三作用：一、聯想 Associative ——藉合併以產生新的形式。二、默想 meditative

——以特殊方法處置意象和它自身的聯想。三、深入 Penetrative ——透入事物之內體，分析，體驗，覓得沒有其他能力能覓得的眞理。但在辜律瑞芝，聯想的結果是幻像 Fancy ，是自由的，飄忽不定的，無中心意義的。想像是經過檢選，經過安排，綜合了的聯想，是具有統一性的。

宇宙原是廣漠的，人事是蕪雜的。一個藝術家必須在這廣漠蕪雜中看出型胎來，這型胎即建設在物與物中間的關係，一種平衡，一種勻稱。人類便是勻稱地創造的，因此看到穿一隻鞋或掉了一隻耳朵的人我們不痛快。街頭果販用大簸籮盛着紅的蘋果金黃的蜜柑。一個藝術家能憑想像把它們安排成一種姿態，畫成一幅靜物。使那些果子不再是烏合之衆，而互相發生了有機體的關係。是用了這種本事，曹雪芹把大觀園的人們悲喜地分聚起來，由多重的關係達到最終的悲局。

一本理論書和一本創作的根本不同處是在前者寫作的心情是理智的，反省的，後者是想像，客觀化了的情感。理智的作用是將一件事與外界連絡起來，求得外在的符合性。想像恰使一件事與外界分隔成爲獨立的經驗。它求的是內在的統一性。因此，以邏輯來批判想像是不可恕的糊塗。

因爲能深入想像看得到常人所看不到的美，能將平凡的事物排列成新的型胎，許多極習見的東西，出於想像的筆下，我們感到了一種好奇，一種陌生，同時又混着一種熟悉，像歌劇中聽到的森林風聲。詩人雪萊說：『詩掀起了世界上隱藏着的美物的幃幔，使熟悉的一切成爲似乎奇異。』這種奇異是由於內在的統一和外在的隔絕而成。若必欲問哈姆列德是否果有其人就不是在想像地欣賞這齣戲的美了。

佩特在評辜律瑞芝時，曾論及藝術的兩個成分：『自然的感受性』和『深入的天才。』感受是被動的。當我們走入光色琅目的世界中，我們能爲那些所激動，爲一個新奇的愉快的綜合體所吸引而與機械的生活隔絕。深入便是把這種經驗客觀化了，成爲具體的形狀——藝術品。世界著名跳舞家鄧肯女士在她的自傳裏曾這樣寫過：『別墅裏有棵櫻樹正對我的窗戶。我初次在熱帶瞧見櫻梠，清早總留心看櫻葉在晨風裏抖動。我創造了我跳舞裏的手，手指，和手臂的輕柔翼動。後來濫傚的太多，他們全不去冥悟櫻葉的律動，不知先由內收受再向外表出。』(註二)用近代審美學的術語，這實卽是同感作用。

因此，生活下來缺乏好奇心，把世事都看成『理應如此，』『不過爾爾』的人是不能在想像上發展的。想像本身便是一種新奇。但和新聞紙上的『珍聞』不同，它是一種有系統有型胎純淨化了的新奇。像鄧肯女士所說，它須先由內收受，再向外表出。如果以充分想像去體驗，眞實的印象派詩不全難懂。但那些仿效者只抓到了那層模糊的外形，卻沒有內在的想像。他自己也未見明白那些堆砌起來的生硬句子，別人就更無法體驗了。

無底的深不是深。那是空。

藝術是愉快的嗎？這正是道學先生們攻擊唯美派的口實，說在他們手裏，藝術成爲享樂的了。

有人認爲愉快這基準是根本不成立的。確實的分別乃在依附此種情緒的心理狀態。另外有人認爲愉快是正態活動的結果。（註三）馬雪博士認爲只有恆久的愉快纔是美的。（註四）包桑奎 Bernard Bosanquet 也承認審美的感覺是愉快的，但它必須是：一、恆久的。一切滿足某種生理慾望的愉快都是暫時的。渴急而牛飲是極易遺忘的，但登玉泉山嘗一口天下第一關的泉液能成爲畢生一件永不泯滅的愉快的痕迹。二、關聯的。一幕喜劇所有的愉快感覺都與全劇有統一關係的。但電影笑片的滑稽動作，一下把胰皂擲把別人頭上，一下自己又絆了一交，或能賺得個哄堂大笑，

但那愉快卻不是美的。三、普遍的。眞實的藝術的愉快是能爲一切有心人分享的。（註五）

另外的學者以爲僅愉快，是不能成爲至上的藝術。美旣是一種勻稱，一種統一，在情感上它並不兩樣。至上的美是莊嚴與詼諧的組合。莊嚴在觀衆中引起的是畏懼，使觀衆自卑。重點是在作品上，觀衆成爲被動的。詼諧使觀衆有超越的感覺。對於作品所描寫的，他下意識地取着輕藐的態度。重點是在觀衆的反應下，因爲他們是主動的。僅有莊嚴，一篇作品將幽黯若輓文，沉壓如重石。僅有詼諧，作品則將輕如鵝毛，淪爲幽默小品。卽在高尙的幽默中，異於『幸災樂禍』的低級笑謔。也常是隱着些引人憐憫的成分。

讓我再引一段鄧肯女士自傳的話罷，因爲論及藝術，我們最好請問藝術家：

『柏林的舞隊開始在白蘿蒔演習瓦格納的歌劇。在熄了燈的劇場裏，我靠近杜得坐在一起傾聽巴西發的序曲。那時我身上每一條神經裏的快感尖銳到極點。連他臂膀微細的接觸都使我受不了狂喜的激蕩，使我暈亂在甜蜜的，齧人的，痛心的悅樂裏。我喉嚨間被快樂悸刺得直要望外喊，我腦袋裏像是疾轉着千萬團光燄的火圈。我混身的神經刺戟到無可刺戟時，我不知

道是喜悅還是苦痛。這兩樣境界全了。我一心要跟着劇裏的武士安覆他大聲喊，跟着孔麗尖聲叫……』(註六)

美的境界在她成爲『不知道喜悅還是苦痛』的了。

超乎愉快和苦痛的是一種『宇宙的情緒』Cosmoic emotion 遼遠的，壯偉的，關懷人類命運的嚴肅感覺。屠哥湼夫散文詩裏有這境界。魯迅野草（特別那篇序）有這境界。巴金的狗和光明有這境界。我剛拾起大地的女兒，(註七) 看了下面的開端時，我即刻爲那眞摯和博淵所抓住了。在這本自傳的開端，她不曾先述她的身世，她只把她寫自傳的背景描寫了一下：

『在我的前面橫亙着丹麥的海洋。冷清清，灰澄澄，無邊無際，天地無垠，海洋和灰黯的天空融合而爲一了。一隻飛鳥，張着兩翼，橫空而過。

『我在這裏寄居幾個月了，凝望着海洋——寫着一個人生的故事……我描寫地球——就是我們全人類莫明其妙地偶然生存在那上面的地球。我描寫卑賤人們的快樂和悲哀。孤獨，苦痛和愛情。

『這幾天橫在我前面的天空正和我的精神一樣的灰黯。荒漠無涯——也正和我的生活一樣。

『我現在正站在一種生活的盡頭，快要踏進另一生活的門檻。凝思着。考慮着。我的四週祇是些過去生活的殘痕毀迹。明白和毅力祛除了我的盲從。我不再糊塗了。我現在有了從經驗中得來的智識。

『我注視水面而凝想。有些時日似乎我的前途最好讓它泊沈海底。但是現在，我卻擇着別一途徑了。』（註七）

勃克夫人的『大地』的成功至少部分地是因為她由聖經裏原始文學中抓到了一種樸質的，史詩的筆。她使用廣漠的背景，描繪最典型的人物，使一切讀者都依稀地在那故事後面感覺出一般人類的命運。

這種宇宙的情緒是以想像的文字道出哲學的眞理。它是一種極不自私，極誠摯的情緒。它缺乏幽默詼諧，也不害人淌淚。它不為個人瑣事絮絮申訴，因為它心目中的觀衆是全人類。在表現中，它仍有理智活動着。

藝術不只要表現，還要傳達的。美並非單獨地存在於作品或觀衆的心中。美存在於作品與觀衆之間的關係中。一首詩必要經過誦讀，且以適當的態度誦讀纔能產生美的情緒，否則它是一堆死字，像上禮拜的報紙。因此，艱澀是無可驕傲的缺憾。

藝術不是模仿的，因爲想像包含一種選擇，剪裁，調動，彌補作用。一個藝術家應有活躍的經驗，潛貯在庫裏，隨時可以提用。以想像表現出的統一的經驗要比現實的輪廓來得明朗多了。

註一 Hobbes: Leviathan

註二 鄧肯自傳——孫洵侯譯頁三三生活書店

註三 Grant Allen: Physiological Aesthetics P. 34

註四 Dr. Marshall: Pain, Pleasure and Aesthetics P. 299 (Langfield引)

註五 Bernard Bosanquet: Three Lectures on Aesthetics, 1931, London

註六 同註二頁四九——五〇

註七 Agnes Smedley: Daughter of Earth, N. Y. 1929 (大地的女兒林宜生譯，湖風書店，一九三二)

一三　藝術與道德

十九世紀的一位小說家曾豪傲地說：

『英國上中階級青年的倫理觀念大概都是小說教的。我這樣說一定有人以爲我太不自量。做母親的無疑將歸功於她們温存的教訓，父親們也自信他們自己曾作了好榜樣，當老師的也必想是由於他們的誨人不倦。一個國家裏有這些位母親，父親，老師們自然是件可慶喜的事，但是小說能鑽進孩子的小小心靈，深於父親，深於老師，深於母親。他是孩子自選的導師。由他，女孩們學會了怎樣戀愛，怎樣接待愛人……』（註一）

藝術於社會的影響原是不必懷疑的。但在過去，這曾經成爲爭辯的中心，就是歷史上藝術至上與人生藝術的分歧。這爭辯在每個世紀都曾有過，崇高論的作者曾怎樣糾正時人對藝術的輕忽！希德尼男爵 Sir Philip Sidney 的『詩辯』全篇主題也不過求詩中愉快與教訓的成分得到均衡。這爭辯到十九世紀可算達到極峯。唯美象徵神祕諸派的情緒主觀的文學反抗着唯物的自然主義，密爾實利主義的提倡又風行一時，使英國人對於實際社會改革加以強烈的注意。這時，極自然地雙方各據營壘：一邊認爲藝術與道德無關，一邊認爲藝術應是善的宣傳。

羅斯金是後者最有聲望的代表。（註二）他以爲粗淺的看來，藝術可謂全無用處。但在高尚的意義上，藝術有至上的用處。美的感覺並不賴感官，不賴理智，而在於『心腸，』那種尊敬，感謝，欣喜的心，上帝親手造的大自然所引起的心。所有的藝術都必須爲平民而創造，且都須有着一個教訓的意旨，表現歷史上崇高的事迹，或人性中至美的道德。柏拉圖由理想國驅逐的是那唯美的藝術Aesthsia，那僅能引起人類獸性的愉快的純感官的意識。至上的藝術須以善爲依歸 Theoria。藝術家乃上帝的僕人，他的責任是深入民間，引人歸正。他是個教師。他天生來是特別『道德的人。』他的使命卽在使人向善。

以美爲藝術純一目的是佩特 Walter Pater 的主張，那是說，道德與藝術是無關的。一個偉大詩人的工作不是教訓，引導，而是卸下我們日常機械生活的擔子，而代以愉快的情感。藝術家不能同時侍奉兩個主人。無論他的主題是什麼，他只能忠於他所見到的。像斯開特·傑姆思所說：

科學家的職務是研究，試驗，證明；修辭家的職務是使文字動人；道德家的職務是教訓，藝術家的職務是表現。道德家說：『人生應該如此！』藝術家卻說：『人生是像這樣。』道德家企圖勸告，影響。藝術家努力的是展示，喚醒感覺。這以外，沒有其他目的。

在中國，以文載道的高調曾造就了多少僞善者，僵化了多少生氣勃勃的心靈，並如何成爲歷代統治者麻木人心的工具，是誰都很清楚的。歷史的教訓使中國人不敢再親近那些道貌岸然的教訓主義者了。而藝術至上者呢，由南北朝以至近代賣弄色情的小說，情感是多了，但多得肉麻；因爲少了眞摯情感即刻成爲香豔或傷感。自由是獲到了，但在年輕讀者間所散的病菌是無從計算的。

書評家不該是個衞道者，勸令作者如何寫作，但一個全然不顧及社會健康的基準是不妥的。除非作品不出版，否則他卽是把一件個人的東西公諸大衆了。他縱使沒有義務顧及作品在社會的影響，（他的良心不准他輕忽這點！）評者卻有理由考察它客觀的健全性。因爲文藝創作與新聞不同。一個記者只須忠實地紀錄他的見聞，但每一個創作家在筆下都有着主觀見解，特別關於社會的景象。

一本以不道德事實爲主題的書，與一本不道德的書顯然不同。多少盲目的評者因爲作品描寫到忌諱的部分而責難作者是不對的。一個作者描寫的對象是人生全部。如果他採用某段人生的動機非不道德，且是必需的，則評者只有批評那段的適宜性生動與否，而不能遽指作品爲不道德。許多作者因怕這樣盲目的書評家，謹防地在書前先聲明了。像哈代的苔絲姑娘的附標題是『一個純潔女子的寫眞。』若以這動機的基準來評衡美國電影，可以說它們大部分是不道德的，因爲那些雙玉腿的畢露與全片劇力毫無增添，如果不減少。一本書的道德與否不在乎它某個片段本身，而在它的適宜性與必要性。作者的動機和全書的效果之道德性是應受檢討的。如一切批評一樣，這檢閱必須行之於欣賞與了解之後。

事實上，藝術和道德並不如我們臆想得那樣敵對。容易越出人情常態，妨害社會健康的是那樣必須以低級趣味引動觀衆的『流行文藝。』藝術家表現的是淨化了的美。那並不與『善』敵對的。希望藝術積極地『載道』是過奢的，因爲離開了美，沒有藝術能站立；但美的欣賞本身是一種潛識的教育呢。

道德在這裏是健康的生活，正確的意識。什麼是健康正確呢，這基準又不是什麼超然威力所能決定的了。

一個生活下來沒有信念的人就永沒有這基準。

註一 I. A. Richards: Principle of Literary Criticism, London 1924, p. 230.

註二 John Ruskin: Modern **Painter, Part** II.

一四　流行與不朽

七年前一位前輩作家痛心地說：六七年來的『新文藝』運動雖然產生了若干作品，然而並未走進大衆裏去，還只是青年學生的讀物。七年後的今日我們再重新檢討一下，我們作品流傳的圈子擴展了多少？

顯然地，無論左翼右翼，『文學』和眞實大衆在中國還不會發生關係。由文化的全局看，這是個慘象，是沒出息；但勉強地這裏可以尋出個好處來，那便是 Best sellers 之尚未盛行，文藝的對象還沒有『一般讀者』與『特殊讀者』的顯然分別。偶爾一個低級趣味的作家崛起了，以公式的技巧寫起滿足某種生理慾望的文字，但儘量銷賣也不過十數版，而各方指責的評文卻比十數篇還多。

可是這分化的趨勢是必然的，就像書評的職業化一樣。『火燒紅蓮寺』的觀衆不是已經和『都市的早晨』的不同了嗎？終有一日，一些急需版稅的作家要在大衆化的好名下寫起迎合大衆的東西。目前刊物的畫報化不已經萌芽了麼！

那時候，書評家該把『不朽的』由『流行』中救了出來，放到適宜的地方。這是很艱難的工作。因為這『不朽』與『流行』的成見根本是可怕的，不然，安諾德·班鼐特不會氣橫橫地責備評者說；『如果作品一享有較廣的銷路，為一般羣衆所愛好，他就很輕意地斷定它不值一讀，只配待以冷落和輕藐。』不朽和流行的分別是在它們藝術的本身，而不在銷路。『流行』的本身是無可非議的。

不可救藥的是『流行的』藝術：形式和內容，因爲那是醜的化身，拼湊剪裁，堆砌成章，不曾經過深入的『想像』所以不是死板就是蕪雜，統一性是沒有的。失掉了美，作品則僅剩下空洞和浮燥。

缺乏眞誠也是『流行』作品的一個特色。手法儘來得熟練，甚至文字還有些漂亮，但一顆假心是換不得眞情感的。縱使作品的主題是爲受壓迫者抱不平，但沒有了信念，一切憤怒都成爲裝腔作勢。

卽使有了些眞摯情感，在流行的筆下，因爲根蒂浮淺，缺乏調理，也將變爲傷感或俗氣了。看罷，他把局勢弄成不自然地悽慘，好像扯着讀者的袖管說：流淚呵！你流淚我就成功了。更壞的是那些以逗人發笑爲營生的，直像個魔術師的助手，他把自己扮成鬼樣子，又把人生胡謅亂解一氣，只爲得博『大衆』的喝采。藝術在他們全然成爲感覺的激刺物了。

『流行』的文學所以能流行全在於它的娛樂性。作者幾乎是參照着讀者感官反應所寫的，所以翻開書皮，所要的就全在那裏了：香豔，冒險，幽默，哀淒，如許多電影一樣。欣賞這樣一篇作品讀者是不必費想像去透視一切的，因爲一切都來得明顯稱意，不容沉吟思索。它並不創造新的態度，乃是喚起已有的態度。它沒有新創的形式，沒有新創的內容，一切都是陳套。因爲一個走江湖賣小技的人是只有那點點走出那圈子『成功』卽刻不保。一個靠賴羣衆生活的人是冒不得失敗的險的。

流行的文藝泰半與時代俱亡的，因爲新的時代又有新的需求，新的態度了。於是，許多有尊嚴的藝術家都遠避了。米爾頓只要他相宜的觀衆，雖然少得可憐。安諾德・本聶特把『名著』Classic 解成給愉快予少數人的作品。在邊城的序裏，沈從文先生曾這樣挑選過他要的讀者：

『照目前風氣說，文學理論家，批評家，及大多數讀者對於這種作品是極容易引起不愉快的感情的……我有句話想說：「我這本書不是爲這種多數人而寫的。」……大多數讀者，不問趣味如何，信仰如何，皆有作品可讀；正因爲關心讀者大衆，不是便有許多人，據說是爲着大衆，永遠如陀螺在那裏轉變嗎？這本書的出版，卽或不爲領導多數的理論家與批評家所棄，被領導的多數讀者也並不完全放棄它，但本書作者卻早已存心把這個「多數」放棄了。我這本書只預備給一些「本身已離開學校，或始終就無從接近學校，還認識些中國文字，置身於文學理論文學批評以及說謊造謠消息所達不到的職務上，在那個社會裏生活，而且極關心全個民族在空間與時間下所有的好處與壞處」的人去看……我的讀者應是有理性，而這點理性便基於對中國現社會變動有所關心，認識這個民族的過去偉大處與目前墮落處，各在那裏很寂寞的從事民族復興大業的人。』（註）

當大衆為流行作品牢牢抓住時，嚴肅的作家採選起知己來了。他們的寫作是另有一種信念，一種超物質的憧憬。他們常寫，卻不承認是職業作家，因為在錢以外，他們還另有一番想望。他們時刻要創作嶄新的。流行作家隨着大衆走，嚴肅的作家拒絕供給大衆的需求。這須予必要經他主動的選擇。他只給他所想給的。

一個美國流行作家豪傲地說：『我寧可寫一篇合乎人情，有生動熱鬧的故事，而確知四百萬人在用半小時讀看登在雜誌裏我的作品，我不願寫一本像雪洛小姐遊學記的書。』這是說，流行的作家是向同時代廣遍地發展。而寄在嚴肅的作家心目中的，無意識地是一種『不朽』的期望。這是極自然的。當同時代人不能了解他時，他往前探望了。而看了若干流傳下來的傑作，幾千年來仍爲人們讀着，『不朽』也不失爲一個有力的鼓舞。因而許多批評家把『不朽』尊爲基準，凡能活下來的作品就必是偉大的。

於是產生了亙古的缺憾：抓住同時代大多數人的心的將失去後裔，得到了後裔，同時代的人們又被遺棄了。

但『流行』果與『不朽』是冰炭不相容的嗎？眞的基本的人性不見得隨時代而變遷的，不然，何以伊里耶和歐德賽還依然爲人誦讀？若僅伸訴於人性之浮層，流行作品是要不得的。既生在這世紀，除非是個自私的人，嚴肅的作家也不應丟棄本世紀的同類和問題而謀自己的不朽呵！

除了少數例外，偉大的作品，像偉大的繪畫一樣，應是雅俗共賞的。它有極深強的美的成分，誰都能感受的，差異只在把捉的度數。雅的，由於過去訓練，當然把握多些。俗的，既有着同樣的感官功能，直覺地也應能意識出它的美來。

廣遍和傳久，單獨地都算不得批評的穩妥準繩。偉大的作品應是那抓得住最多的讀者站得住最多的時間的人。

註：沈從文邊城生活書店一九三四。

第五章　批評的藝術

一切批評都必須基於清澄的理解。批評的公允實卽理解深澈的反映。所以，如果評者不曾充一個敏感仔細的閱讀者。他的批評就不比讀者的茶餘閑話可靠。

理解是極複雜的動作。它包含欣賞，享受和同情。打開書皮就儼然以『批評家』自居的是不能理解什麼的，因爲藝術品所需要的是被動的接受的心情。一座愛神的石膏像只准人感覺它那潔白的伸出的臂，卻不容觀者用尺量那曲線。要待感覺了那臂的豐潤和姿勢後，評者纔能把自己所感覺的客觀化了，加以檢查。一部用偉大心胸寫出來的作品是需要另一個偉大的心胸來體會的。想像的組合體也只有想像的讀者能享受其中的聲色意象。比創作家感覺遲鈍的評者是不配從事批評的。

一五　派別與方法

這是一個永恒的缺憾，有史以來似還沒有一個能把握生命全部的聰明人。很早以前，亞利士多德蹈上與柏拉圖不同的思路；對於人生，孔子和老子顯然各抱着自己的理想。哲學史上，唯心派與唯物派各執一詞。在文學史上，浪漫主義又永不服着古典規律。每一個走入派別的似乎都只能看到生命的一角，而那些想包容一切的卻常常連一角也未曾看到。唯心的堅持着現實的內在和統一性，卻又疏忽了外形的個體的價值。浪漫派充分地表現了情感，對理性及節制又無從顧及。這分歧像兩道靜靜的小溪，在世紀裏各自不息地流着。岸上也許添了點花草，改了些模樣，印象派也罷，表現派也罷，象徵派也罷，神祕派也罷，但這兩道河還是穩穩地向前流着。

這分歧在文藝批評也不曾例外。斯賓葛（J. E. Spingarn）在哥倫比亞大學講『批評的兩性』時，曾稱聖佩甫（Saint Beuve）爲近代批評的祖父。在他的世系下，有着兩個不同性別的支系。男性的是武斷派，側重評判；女性的是印象派，傾向欣賞。其實，這心靈性別的存在先於文藝批評本身。

聖佩甫是近代批評史上首先把品味與判斷合併的人。雖然近於武斷主義者，他還不輕忽賞鑑。他的批評，和一切歸納的批評一樣，側重詮釋。在這工作上，泰納（Hippolyte Adolphe Taine）也是有力的一個。泰納認批評的三個根據是：（一）種族——體格與性格的遺傳（二）環境——自然的和社會的，像政治狀態，風俗氣候等。（三）時代——作者的前承與後繼。泰納側重環境。聖佩甫不相信人全然是環境的產物。他認爲一個完美的心靈必有其特殊的理想，特殊的表現，因此。他的批評是以作者時代及生活背景爲出發點的。

這種歸納的側重詮釋的批評目的在展示，闡明作品之內容，使一切含蓄的變爲明顯，赤裸裸地呈示於讀者之前。這種詮釋本身他們就認爲是評價的。藉深入著作的核心，辨別著作的力和美。分別著作中的永久的與暫時的部分。分析著作的意義，說明著者有意識或無意識地受着指導或支配的那種藝術或道德的原則。一切基準都由自然中歸納而得，不受先人的拘束，是相對的，因人而異，因時而異。因爲是純研究態度，所以不涉及價值問題，不參加個人感想，只忠實地分析。

在批評上，他立下了四塊試金石。

（一）品味 Taste 像一片磁石，吸起一切礦苗。

（二）現實性 Reality 忠於生命，忠於人性。

（三）傳統 Tradition 典雅及理性，與過去作品相關聯。

（四）統一性 Logic and Consistency 邏輯的一致相符。

後來白壁德又為他加上一塊：道德。

聖佩甫逝世後，喬治桑寫信給福樓拜說：她相信批評已因大師的夭折而至末路。這位包華禮夫人的作者覆信說：『不然，我想批評的曙光期剛好到了。當哈佩(La Harpe)時代，批評家是文法分析者。到聖佩甫和泰納就成為歷史家了。什麼時候他們纔能是藝術家呢？』

批評家不久果然成為藝術家了，那便是女性的印象派的批評。

女性的評者富於細膩的情感，敏銳的反應。她們願意深入作品，領會其內在的精神的價值。她們自己不喜歡規律，厭惡裁判，因而在批評上也主張以欣賞代替死板板的規律，以想像及機智代替判詞。批評在她們是一種『心靈的探險，』尋覓作品的美質。惟想像能領會想像，也惟想像纔能詮釋想像。像海茲黎所說，『一篇眞實的批評必須反映着作品的光和暗，靈和體，』她們的工作側重以個人主觀的反應詮釋作品。批評在她們是欣賞的工作。那是直覺的，是綜合的，而且是情感的。浪漫派這樣，印象派這樣，唯美派這樣，表現派也並不兩樣。它們中間或有差別，但主觀的欣賞體驗卻是一致的特色。主要的人在法國有法郎士，拉瑪特，在英有王爾德，裴特，在美有斯賓葛，但近代領袖人物應推義大利的克羅契。

法郎士曾這樣申明過批評的主觀性：『客觀的文學批評和客觀的藝術一樣沒有存在的餘地。妄信不把自己的人格放到他們著作裏邊的人簡直是自欺，簡直是受欺於最虛妄的人。我們永遠不能把自己拋開。這是眞理，這是我們最大的不幸的事之一。要是一時我們能從有許多小平面的蠅眼觀察天地，或用猩猩的簡陋的頭腦來認識自然，我們有什麼不願意的地方？然而這是絕對不可能的。我們不能像泰里細阿斯(Tiresias)之爲男子而同時又有曾爲女子的回想。我們關在我們自己的人格裏邊，頗似拘禁於永久的牢獄。我們最好承認這個可怕的情形，老實承認我們無論在什麼時候總在那裏講我們自己，沒有閉口不言的能力……我們主張我們的知道事物只是由於事物給我們的印象，就事論事，現象與事實是一樣的東西。我們在這世界上歡樂和受苦，只要影像就夠了，完全沒有證明客觀性的必要。』（註一）

主觀難免偏見的，這是一切印象派攻擊者的指摘，法郎士並不否認的：『人總是人。他的箴言不能常和他的感情一致的。我們同時可以有兩種或三種哲學，因爲如果你不創造一種主義，你沒有信仰那種主義是好的理由。只有發明的人我們可以原諒他，他可以有偏見的。一個很大的國家，有許多不同的氣候；一個廣闊的心靈，不容不包含許多矛盾的思想。老實說，一點不帶不合邏輯的思想我是很怕的。我不相信他們是永不會錯的。我只怕他們永遠是錯的。不以邏輯自傲的心靈，失去眞理之後，還可以重新發現。（註一）

於是，他主張印象的批評了：『我始終努力保存偉大的詩和藝術給我的印象和神祕，視同天賜的恩物……名人著作的最大利益在於引起聰明的談話，嚴正親密的談話資料，斷續飄蕩和花圈般的影像，長時間的夢想，求知而不求盡知的含糊浮泛的好奇心，以及可愛的東西的牢記，瑣碎事情的忘卻，個人情感的回復，我們把它們吸收到我們自身。批評家應該知道無論什麼書，有多少讀者就有多少景象。一首詩好像一幅風景，看的人不同，風景也就不同了。』（註一）

隔了大西洋的海峽的唯美主義者王爾德呢，那意見相距並不遠。王爾德認為最高的批評是比創作還富有創作力的，因為是單純的個人的印象。它是自敍的內省的文字，不講時事，只講一人的思想。不講行為情景及事物，而講心性中的幻覺哀樂與心靈感興。批評家唯一的職務卽在紀錄他一己的印象。世上所以有書畫雕刻就是為着他而創作的。藝術的美只是印象的。美的意義變化猶如我們的心緒。藝術的目的只在引起一種心境，與倫理無關。凡不偏不倚的意見都無價值。能看見雙方理由的人就是雙方都看不見。藝術是一種情欲。論及藝術的東西思想也必定帶有情感成分。流動而非固定，因時節心情的不同而變易。所以不能籠入科學公式或是道學經說的圈套。批評家第一個要件是性情：一種有敏銳感覺美及美所給予我們的印象的性情。

以文章俏皮聞名的美國印象書評家門肯 Henry L. Mencken 在他的偏見集裏反覆申述『批評為表現』的道理。（註二）他說只有壞批評家纔以教訓讀者，提倡文明，分別是非為動機。

好批評家的動機是藝術的，企圖自由地美妙地活動，表現內在的靈感而使之成為動人的音響，顫震於人間。他承認和創作比，批評是『次手的，』因為充滿評者心靈的熱感不是來自人生本身，而是為原作者的表現物，書籍或繪畫，所引起。但若這批評家實在有一個藝術家的心靈潛伏着，他必由作品移到人生本身。於是，批評成為一件嶄新的藝術品，只間接地與原來暗示的作品相聯。因此，凡是好書評家莫不由原書走出（那永遠沒有他自己內在的聰明有味）而邁進人生本身。純粹的書評，無論做得多麼忠實得體，永是件太低微的事。書評家不再是別人思想的分類及評價者。他成為一個獨立的藝術家，他並不企圖幹那不可能的裁判工作。他也並不用數學的熱情詳細考察作者創作時的心情。他始終是在表現着他自己。他在努力挑戰，抓住足數的讀者，使他們注意，用他的絢麗與新奇的思想感動他們，並在他們心中創造一種同感。因此，他是在表現他內在的自我，使緊張得以鬆釋，心靈純化，像瓦格訥做完他的偉大歌劇，或一隻母雞下了蛋一樣。康瑞德是因受感而作傳奇，巴克因受感而製樂，哥德因受感而寫詩，批評家因受感而寫批評。形式歧異沒關係。最重要的是後面那動力。每一個人都懷着一大灘思想急於傾吐給世界，把它們鍾成個樣子，引起他同級人注意，並用以統領低於他的人們。批評家不欲做理智的關卡，總想越職守。頭等的批評家像嘉賴爾等，以評判論都有極多的偏見。但他們能把批評弄美了，那可比眞理百萬倍地重要。藝術與人生中，十分之九是沒有眞理可發現的，卻只有錯誤的暴露。眞理是不可能的。只要美。

這一切理論在克羅契都找到了哲學的根據。雖然，他的表現主義幾乎和印象主義是兩件事，但它們卻出於相同的溪流。因此，也同有着主觀，情感，直覺的特色。表現派認爲天才與欣賞是一件事。直覺是印象的積極表現。

於是，我們看到以表現爲主題的批評了。漂亮的文章，生動的想像，處處是聰明機智，光色繽紛。但是著作的評價呢，卻找不到了。在一篇書評裏讀的卻是與題無關的散文詩，這是多麼荒唐的事！無怪死去了的書評家韓雷 W. E. Henly 嘆道：印象主義脫離了系統時，即刻淪爲閑話了。

立在對面的是側重裁判，堅持基準的理性的批評。這是另外那一道溪流了。它的發源地是古典主義。如今，人文主義也罷，×××主義也罷，卻還是一副嚴肅的臉貌，拿着無慈的尺，以理智衡量一切。奔放的情感不是他所喜的。他要清晰，要符合人情常識，要邏輯的方式，要理性的節制。對於一切違悖現實，反抗傳統，過激或新奇的東西他都縐眉。雖然他不再勸令寫劇者編成五幕了，雖然臺上同時有三個以上的角色出現他也能容忍了，雖然他放棄了基準的永世不變性，但基準他並不能撒手。當易卜生的羣鬼在倫敦上演時，是這些人罵着『討厭的故事』『病態的故事』因爲在他們，道德是支配着藝術的。

這道小溪流到這世紀便成爲白璧德領導下的人文主義了。在白氏名著近代法國文學批評一書的結論裏，他這樣描畫過他理想的批評：『其訓練和選擇以過去爲歸依，但卻不是個拘泥傳統的人。他的傳統的掌持，含有勞苦的清楚的思想的過程，常常把過去的經驗和現今變遷的需要融合……我們對於自己應當有適當的不自信，我們應用傳統鞏固我們精深的觀察力。我們的努力如果要有效果，應受內心和高尚觀念的啓迪和指導。我們最注意努力，那是無論做什麼事情都感覺自己能節制最高的合一觀念。就實際而論，就是選擇世界上一切知識和同情都祇能作最高的人選擇的預備。外界事物僅是選擇的材料。近世的文學批評拋棄嚴守虛文的舊法，竭力想成爲了解的同情的批評。其實這不過做了批評工作的一半，而且是比較容易的一半罷了。』

另一位美國人文派要角富思梯 Norman Foester 曾極淸楚地闡明過這派的立場。(註三)他們認爲標準的人性是完整的，需要各各的涵養，不要壓制任何部分，但各各部分發展需要均衡和諧，不是無條件地『承認人生』，而要有價值的衡量。完整的均衡的人性要在常態的人生裏去探求。常態的人生是固定的，普遍的。人文主義異於由科學演變出來的人生觀，因爲人文主義除了理性之外還要運用倫理的想像。這倫理的想像，乃是透視人生的一種直覺。倫理的基本原則是節制。自然律是完全物質的。人文主義異於宗教，因爲人文主義沒有禁慾的趨勢，也沒有形式的神學。但有一點又同於宗教，因爲他反對自我的擴張，而主張遵從普遍的理性。

旣認定人性是固定的普遍的，文學的任務便在於描寫這根本的人性。所以正像表現主義者之傾心於表現，人文主義的注意是集中在題材上。他們側重內容的眞實性。批評的步驟由歷史的了解下手，以透視的感覺詳察作品的來源，並要爲它在歷史上安排個地位。然後，便該下價值的判斷了。這判斷是由兩方面着手的。先考察作者的意嚮是否純正健康，是否忠於人生。文藝的目的在於描寫普遍的固定的人性，這人性惟有在常態的人生中纔能領會。這是內容及意識的考察。此外，還要確定作者藝術手段是否成功。如果前面的意嚮在作品中未能充分實現，那便足以證明其藝術的薄弱。

如今，我們有了重欣賞的印象派，重詮釋的科學派，重裁判的人文派。重欣賞的反對基準，而認批評爲一種心靈在傑作中的探險。批評在他們是於作品與觀衆間掀起反應。一個無素養的觀者見了藝術作品心中毫無所動。印象的評者便是要使這僵呆觀者的心靈活躍起來。但重詮釋的又不以爲然。批評被他們視爲分類與剖析的工作。像一個動物學家解剖一樣，他們也解剖想像的果子，時代種族的產品。獎譽和指摘都似不是批評分內的事。這顯然和重裁判的批評家立在反對的方面了。安諾德爲批評下的界說是：一種無私的努力以辨認並傳播世上最好的作品。文學既是人生的批評，批評便成爲這種批評的批評了。這『偉大作品』的選擇本身還不是最負責的裁判？

在這些主張分歧的派別中，書評家應該參加那派呢？

這回答有兩個：最自然的是隨他自己的傾向。爲什麼在人類思想史上有這些派別的存在呢？這與人類性格有極大關係，性格又受着環境習慣的支配。浪漫派在白璧德心中有如布爾扎維克在英國保守黨之可怕，但除非由人性割去情感那部分，浪漫的觀點假若是病症，它是一個不治之症。在盧梭，情感先於理智，在拉辛，理智就強於情感。這是無辦法的事。雖然晚年的歌德逐漸成爲古典者，他卻不能否認是當年少年維特之煩惱的著者。指定書評家屬那派的不是那位聖賢權威，而是他自己的生活及性格。因此，假若一個書評家富於細膩的情感，偏好藝術的賞鑑，不擅分析，喜愛直覺，別管多少人攻擊印象主義，就按照自己的性格寫你的批評。只要不以什麼派別標榜，不把未消化的一些理論到處兜售，本分地寫批評是不該受責的。沒有一個人能把事情做好，若那做法不適於自己的性格，違反他個人的信仰。

但更理想的是兼有各派的特長，而摒棄各派的偏見。事實上，缺乏了審美的欣賞，沒有裁判能達到美滿的結論。同樣，只有鑑賞只有絢麗的表現，批評的工作也未能全部做到。好的批評需要清澄的裁判，但也同樣需要動人的文字和獨創的思想。走入某一派實在是狹短了自己的路，把活躍的思想囚在籠裏。偏的傾向雖是不可免，但一個明達的書評家宜時刻盡量應用各派的方法，企圖由原書發掘更多的價值。

『眞正合格的批評家應是一個實驗者。』門肯說。（註二）『他應使用身邊一切可能的方法完成探險的工作。他應使用一切有效的器具。圓錐不行，掏出鋸子。鋸子若還割不斷，就該抄起棍子來。』

註一　人生與文學第二集序（據華林一君譯文）

註二　Henry L. Mencken: Selected Prejudice, N. Y. 1930

註三　Norman Foester: Toward Standards

一六　審美的態度

走進一所美術館，你立在一座潔白的石膏像前。那塑的是一個裸體的女人，她的右臂向前伸着，像是要握手。你將怎樣反應呢？

『當然和她握一握了！』也許有人說，但那人卻不是欣賞者。不然，他必稍遠地停下步，屏着呼吸，感覺那美麗的體態，感覺那豐潤的臂，感覺那溫柔地伸出的臂，像鄧肯女士體驗那晨風中的櫻稻一樣。

美不是爲滿足某種生理慾望的愉快經驗。關心因果性的科學家總想法把事物與其環境連接起來。美需要與外界隔絕。但完全隔絕又是不可能的。因此，一切欣賞者都須放棄功利的念頭，統馭自己奔放的聯想，不任它東竄西跳，將想像完全投入作品裏，與欣賞對象打成一片，然後，美的經驗纔能體會出來。

美既存在作品與觀衆的關係間，欲把握美的全値，自我必須捐棄。他必須放下身邊瑣事，他得壓制過去無關係的經驗，不任它們蠢動。他得活在作品的境界中，隨了情感的波濤起伏。哈姆列德中的國王是不會欣賞藝術的，不然他不會赧然離席了。在音樂裏聽到鐘聲，別卽刻想到東街的禮拜堂。作品儘管是寫實的，但欣賞的人永須以新奇獨立的經驗視之。默想的態度是對當前的作品不加以糾正刪改的企圖，傾心地感受着那激刺與催眠。雄壯的顏字是以全臂全手的力氣寫成的，畫芝蘭的人畫到葉尖時是懷了向上的感覺。欣賞者若不經驗這感覺，他捉不到那美質。

統一性既是藝術的重要成分，欣賞者也非要把捉到那統一性纔能體驗出美的全部。藝術是綜合的。解剖和分析所得的也只是美的遺骸。眞正有血有熱的美必須以有機體的完整的心情鑑賞。

米勒說：『畫家不可視羊羣爲幾十隻動物的聚集。他必須看它們作一隻多足的龐大獸物在蠕動着。而且他也必須這樣下筆畫。』

看畫的人也必須這樣。

一七 表現與主題

有的時候，一個悽涼的故事，一首悲慘的詩眞地吸出讀者一灘眼淚。像愛倫堡一樣，作者以悠久的低微的韻調，感傷的情節把讀者帶到森凜凜酸辛辛的境界了。當作者拍手慶幸他的成功時，常常一種後悔的感覺爬上讀者的心頭，好像受騙了似的。那是作者曾以純熟的表現手腕描寫了一件不眞實或分量太輕的事了。

一篇作品的成敗大概基於兩點：表現和主題。有時一個極嚴重極動人的事爲不成熟的藝術寫得稀鬆淡泊了，有時作者把可貴重的藝術浪費在一件瑣碎糢糊，不值傳達的事上了。諒來這就是技巧或內容的缺憾了。

但技巧是個沒出息的術語。它的外貌太欠眞摯了。缺少了眞摯，那裏還談到藝術！技巧像是作品的外衣，如何把文字弄得婉約些，把故事弄緊張些。但缺乏了內在的統一與平衡，藝術將眞地成爲『技巧』了。

在過去，文章的形式被人常劃入修辭學的圈裏，所以哥里弗遊記的作者纔以『風格』(Style)爲『把適當的字眼放到適當的位置上。』以至批評成爲文法校正的工作了。無疑地，批評不能忽略作者對於字句的處置。但文字正像畫家的顏色，僅僅排列得當是不足爲美的，還須充分表現着內在的經驗。

因此，在審查作者文字調動的工作時，書評家永不可蹈上形式主義的覆轍。我們向文字要的不只韻律，均稱，絢麗，更要緊的是想像，情感的經驗。

字不是個死板的東西。在字典裏，它們都僵臥着的。只要成羣走了出來，它們就活躍了。活躍的字，正如活躍的人，在價值上有了差異。解析幾何裏的字眞是老實。它們規規矩矩地代表着顯明的意見。如果你不懂，只須一查，卽刻明瞭。卽至這樣的一句：『胡同裏有人在賣灑衣竹，那嘹亮淒清的聲音懶懶地爬過我家的屋脊，』含義就不簡單了，因爲那『懶懶』有着作者的情感在裏面的。『爬』顯然帶着印象的刻劃。除非評者也能重現這種情感，這種刻劃，它的價值是不易把捉的。一個作家厭倦了『虛度歲月』這陳套，他用『打發日子』代替了。這就益發難以明白，因爲這兩個字原無夙緣的。這意思完全是嶄新的。除非評者也有着那樣敏銳而具體的感覺，他不能完全懂它的含義。

好的文章是以想像寫成的，所以字字都有着情感的價值，有的訴諸讀者的視覺，有的聽覺，嗅覺，觸覺。最習見的是喩辭 Figurative language，像『希望是雲縫裏的一縷太陽，』『花一樣的罪惡』這種具體的想像的文字在詩中幾乎到處皆是。這些，愈是深刻的愈難瞭解。如『他體面得像一株小銀杏樹，』分析幾乎不可能。由直覺創出的仍須以直覺體驗出。想像是完整無縫的，當評者把全心靈都集中在作品上時，字將成爲一個有機體的部分，他的評價也基於某部分在這全體中的效果。

本來內容與表現是無從分開的。正如何若思(Horace)在『詩的藝術』中所說，『想寫得好，須先知道寫些什麼。』"Scribendi recte sapere est et principium et fons." 一篇完美的作品，像個言行一致的人，必須以切當的藝術表切當的經驗或情感。而且，若作者創作時是誠摯自然的，他只有這樣做。當他想到這人卽刻就有『銀杏樹』的感覺時，他當然不會把它改成『梧桐』或『菩提』，雖然那樣也許更詩意些，因爲那和他原有的意象不合，因而也不附麗着原有的情感。你幾乎不能用兩句不同的話說出同一的意思。不知不覺地就會有了質的或量的差異。福樓拜寫信給莫泊桑說：『當你由一個立在門口的雜貨商或是吸着煙袋的僕役的面前走過時，指給我看這個雜貨商或僕役，好不至和另外的混起來。』契訶夫在給高爾基的信裏也說過：『你是個藝術家……你精細，你敏感；那是說，當你描寫一件事物時，你用肉眼看，親手摸。那纔是眞的創作！』好的創作是作者忠實地看了，並以文字忠實地記載下來。這中間並不需要另外的『技巧』，所以也沒有把內容與形式分開的必要。

但有的時候作者未曾那麼忠實地記載下來。於是，一個裂罅露出了：作者剽竊了別人的文字強放在自己的作品裏了？想像或邏輯的線索中斷了？也許是違反了人性，也許是缺欠了合理的節制。這時，敏感的書評家該和平嚴正地走了出來。

一個好的書評家時刻着眼在作品全部的氛圍，情調，觀點上。他永不因局部的缺憾而抹殺一篇作品的價值。表現藝術失敗了，他還能欣賞那主題。觀點荒謬了，他不即刻丟棄那婉約的筆調。他整個地欣賞，也整個地批評。

第六章　書評寫作

一八　標題：一個天窗

中國書評的標題幾乎都是在原書名的前面冠上『讀』『評』『論』一類字樣。偶爾另冠以較長的形容詞，『如值得一讀的××』，但在原書名外另作標題的實不多見。和新聞紙有密切關係的英美書評，受了新聞標題的影響，常有極醒目的標題冠在書評正文前的。如：

（一）表現原書的題材：

『勃克夫人完成了她的中國生活三部曲』（評她的分裂的家——再續大地）

（二）表現原書作者的觀點：

『一本溫和的革命論』（評叛革的美國）

(三)表現評者感想：

『笑罷，吮血者，笑罷！』(評美國國際公債論)

(四)指明人物：

『拉畢德成了英雄』(評路易士：藝術作品)

(五)評者的諷諫：

『斯拉夫民族的烏托邦』(評威爾・杜蘭：俄國的悲劇)

書評若欲抓到讀者，標題是最初又最明顯的途徑。如果標題能暴露原作之要點，那比書名總有興味多了。因為書名特別是中國的，特別是學術的，只能表現原書的性質，像『人類學』書評標題應剝開那層皮，揭曉它的內容，所以應來得分外醒目動人。在評者方面呢，一個恰當的標題本身就已是詮釋或評價了。它代表一個觀察點，像一個天窗，它展示了原書的某一重要部分。書如讀得馬虎，標題是做不恰當的。頭腦若像石板那樣僵，那樣冷，標題做也做不出的。因為標題代表一種熱烈的興趣，一種靈機的憬會，它是企圖將那些傳達給讀者的。

爲鼓勵書評家多用創作力和思想，爲引起讀者對書評的興趣，這種標題實應採用的。

一九　格式

天下並非無格式，無法則。只是一切法則格式都產生於實際工作的過程中。當世事都格式化了後，人類的創作力大概卽可以歇工了。若欲指定一固定的書評格式幾是不可能的事，因爲每篇書評自有它特殊的構造，取決於原書的內容和評者的心理層次。中國的書評其所以乾燥無味，泰半由於這種格式上的奴性。在這節裏我們舉出一個習見的格式。並不是像尺牘大全一樣，想幫助評者偸懶；卻是指明這些都已爲人使用俗了的。躱避它們！卽在形式上書評家也需要創造的。

一般書評的組織多是這樣的：

甲　描寫格（照例分行以小號字排在正文前）

（一）書名（若係翻譯，宜附原文。）

（二）著者（或編者，譯者，撰者，註者等。）

（三）出版人，出版地，出版時。
（四）狀貌——頁數裝璜等。
（五）價格
乙 解題格（首段）
（一）本書之重要性（與時代銜接）
（二）本書內容梗概（應稍引證）
（三）作者主要觀點（或新創的見解）
（四）本書之特色（索引，提綱或附錄等。）
丙 批評格
（一）標題適宜性
（二）形式及文筆（如係文藝，這項宜着重。）
（三）內容適宜性（立論之是否正確，事實之詮解及材料之運用如何。）

（四）組織
（五）對讀者之適宜性
（六）同類著作之比較的考察
（七）引據他人評語
（八）評者由書中所得暗示
（九）主要功過——概評
（十）獻意或展望

這格式該躲避。但其中的主要成分卻是每一書評應具有的。

二〇　小標題：邏輯的陣勢

如果書評中附有小標題，這種邏輯的陣勢就更明顯了。

偏於直覺不喜分析的人對小標題沒有好感，因爲它的機械呆板最易消滅書評的火熱生氣。下面是國內某書評刊物裏常見的幾種小標題：

（一）評歷史學譯本：

（甲）導言　介紹譯者

（乙）史事不正確者

（丙）譯者導言的批評

一、他治史的態度（原作者）

二、歷史的範圍

三、作者在史學界的地位

（丁）譯文之批評

一、晦澀之例

二、不確之例

三、掛漏之例

四、訛譯之例

(二)評史學(原作):

(甲)斷限

一、史係之闡明

二、行蹟之分析

(乙)體制

一、陰陽歷之析算

二、名號之書析

(丙)書事

一、事實之增删

二、文句之增删

(丁)採撰

一、事蹟之考證
二、年月之考證
（戊）校讐
一、行格之更正
二、字句之更正
（三）評譯著本：
（甲）擅改原文之例
（乙）譯註欠妥例
一、曲譯硬譯或改譯
二、趣名
三、規避
四、『筆溜』

五遺其所當註者
六、註其所不必註者
七、無理取鬧
（丙）旁的形形色色
一、忽視英文極平常的文法
二、對本國文也很疏忽
三、搔首弄姿
（四）評教科書
（甲）著者資格
（乙）文字明晰
（丙）參考書之例舉與評訂
（丁）印刷之訛誤處

（戊）書之內容分點列舉

好了，它們的乾燥勁兒想來已使讀者入夢了。但評者的苦衷也是應體會到的。最苦莫若評譯本，因爲那工作幾乎大半是校對。每個書評家都願做完盡的批評。於是，僅『印刷訛誤』表就佔上幾頁。請問，這對於一個不曾看過這書的讀者有什麼意味？這種更正『表』應送給作者，送給出版人，卻不可捧到讀者面前。告訴他指點他這書如何要不得就夠了。壞的書錯誤多，的確容易寫冗長的書評。但書評的積極使命是在發見好書。不能把那點精力留下用在更有價值的著作上嗎？

標題並不一定都要那樣乾燥的。像下面的一種會話體的標題就頗具戲劇性：

（一）我們先說它的體裁罷

（二）其次，我們試看其內容

（三）內容方面，還有多少不足處

（四）至於書中的疎忽處

（五）數值前後矛盾的

（六）總之著書難，著普通書更難

恰當的有趣的小標題是評者觀點及想像力的表現。只要不以教科書目錄表做榜樣，小標題對評者是個有步驟的陣勢，對讀者是路程牌。遇到較長的書評，這種路程牌就更爲重要了。如果年月的劃分都取消了，生活將如何沈寂將如何無希望地長呵！一個讀不分段落的古書的人，若非有極濃興趣，那永無完結的感覺恰像攀一座無梯階的樓。爲省讀者的精神小標題也該採用的。

即使不及採用小標題的簡評或印象評，評者也必須在心裏默默地爲每一段落起下一個小標題。那將使每段各有其統一的觀點。各段觀點能和諧地排列，書評全篇觀點的統一性也得以支持了。

二二　冒端

由圖書評論五十篇書評裏，我見到下面幾種冒端：

甲　「引人入勝」的：在書評的起點先喚起讀者的注意來。這是最普遍的一個辦法。一切文章都莫不希望被讀到。一個引人入勝的冒端在抓住讀者上是極有效的。例如：

(一)由身邊問題暗示原書之重要性

『有許多問題眞使我們難以解答，譬如：北方女子和上年紀的婦女看上去爲什麽沒有廣東人一般的好看？爲什麽客家人是中華民族的精華？爲什麽中國人特別自私自利？若是讀了這本×××一定可以恍然大悟，萬疑頓釋了。……』

(二)以銷路證其影響

『這本書於辛亥年二月初版，民國十六年五月十八版。假如每版印了兩千册，這書已銷了三萬六千册，至少有三萬六千個學生讀了這本書……』

(三)引用名人名言

『××先生常說，「立法貴恕，行法貴嚴。」這是立法與行法而言。但若就法律的推行上而言，欲求提高人民法治知識以促進憲政，我們不妨說：「立法貴簡，論法貴詳」……』

（四）引用著者在他處之言論：

『我們要知道一個半公升的腦袋是文化之製造者。士之所以能治國，乃由於圓顱的腦袋。所以我乃請讀者注意到這個頭殼裏的腦袋。此卽著者在×××一文中所說的。今欲知此一半個公升的腦袋之精微奧妙，我乃請科學界注意×××一書……』

（五）時間的投合

『在大家熱烈地研究日本的時候，我謹以十二分的誠意介紹這本書給各位讀者。』

乙 揭布內容的這雖也有着引人入勝的作用，但最初的動機卻只在使讀者知原書梗概。對於一個尙無專門學術背景的人，這辦法不很妥當。

（一）展示全書精髓骨幹。

『這書將東西古今的人生哲學分爲八大派。每一派舉一個或兩個代表：一、克己派

——斯多亞——康德。二、……』

(二)述原書著者之規模計劃。

『本書分上下兩篇共十四章。據著者說：「上篇述中國土地問題之過去，下篇述中國土地問題及其將來。」所以本書字數雖有限，然而卻是一本縱談古今，縱論四方的大著——由犧皇上人講到未來的社會主義……』

(三)直敍原書之編制，

『書分上下二編：上編分三章，章各五節。下編亦三章。各編之末皆有結論。書首有導言。全書分八十段……』

(四)內容分類一覽。

『×××分三册，內容包括：

一、×君自己辯論古史的文字。

二、讀者反駁的文字。

三、×君和他的師友討論的文字。

四、時人研究古史的文字。……」

(五)指明著者用意

『由本書序言裏知道編著本書的目標是：

一、使學者明瞭小學行政各項方法和意義。

二、使學者具有科學的方法，創造精神，及經濟的手段以處理……」

丙 史的追溯。和著書一樣，在書評的冒端陳述時間的成分也是一極自然的趨勢。有時追溯是不必需的。書若不是一本罕見的，它被發現的經過就並不很重要呢。

(一)原書出版經過

『一九二七年國際行政學會已在巴黎開第三次大會。在這次會裏，世界各國的行政家和行政學者都聚集起來了。這班人的匯集在行政學方面有許多貢獻。這本書就是這次大會附帶的結果。」

(二)原書所論問題之史的追溯

『我國之有全國教育統計，起自前清光緒二十三年。前清春季，學校初興，創辦統計自難完備。光緒三十三年至宣統元年，學部曾印有全國統計三册。內容雖多不甚合式，而實爲我國全國教育統計之嚆矢也……』

丁　宣示批評的步驟及基準。方法的正確與基準的公允爲一切健全批評的必然條件。爲使評者立場或態度明顯，這種聲明時常能幫助讀者辨識同類的著作。但如果這假設本身是不妥的，全文的論據也就因而搖動。

(一)設標準任讀者衡

『一個譯者我以爲至少應具備三個條件：第一，對於所譯的書底內容當有相當認識；第二，對於所譯的書底文字當能澈底了解；第三，對於本國文字底運用當有最低限度的能力。本書的譯者是否可以算得充足地具備了這些條件呢？』

(二)預先聲明標準（看看武斷標準的危險！）

『我們知道偉大的文藝第一個條件是逼眞，就是說，作者所演述的故事讀者認爲在某時某地或能有這樣的人物，發生這樣的事實。如果這裏有一個故事，它的人物和事實可以移殖到東京，紐約，倫敦，巴黎，而不失掉它的可能性，那這故事我敢斷言一定是極平庸極無文藝價値的……我看了這部小說之後，我覺得這種故事在中國是不會有的。』

(三)聲明尺度

『本書是供給一般讀者的普通讀物，不是專門著述，所以批評的標準應該降低一點。我們不想要求有新的貢獻，我們只要求他能作正確敍述……』

戊　推崇的。這是偏於介紹的書評。對於原書評者已認爲滿足，所以，在冒端就帶出推薦的口氣來。這辦法的毛病在偏見的畢露，和宣傳味的濃厚。如果文字間缺乏含蓄，肉麻更是可能的事。

(一)推薦著作之適當

『這書的著作人對於西洋現代史是一個有相當研究的人。帝國主義的發展又是西洋現代史上一個很重要的現象。以對西洋史有研究的人來描述帝國主義的發展，自然是「當行出色」的工作。』

(二)以寡少暗示可貴

『坊間出版的書籍汗牛充棟。但非文學，即社會；非政治，即經濟；法律書眞少得太可憐了。……』

(三)鶴立雞羣難能取貴。

『關於心理學方面的著述大都立說分歧，持論殊異；欲求一佳本，能兼綜條貫，理集羣言，足爲一般研究心理學的學生之基本的和廣博的準備者，實在不易得。惟至最近××出一新著，獨能網羅近代各派心理學說，不偏不袒，予以公允的論斷。其最難能者，……』

(四)藉過去之聯想推薦著者

『××的文字總是明白清楚，足以怡心悅目的。此書寫得尤其流暢洗潔，淨瑩可愛。……』

(五)藉他種名著暗示其崇高性

『我把這部書讀完之後得着一個很深刻的印象，就是與衆不同，能成「一家之言」。在態度上，×先生的治史和顧頡剛的古史辨，郭沫若的中國古代社會研究鼎足而三，有同樣重視的價值。……』

(六)直接道出全書之特色

『這本書最大之特點就在它的取材的審愼……』

己

批評的。直爽的批評家一落筆就坐在審判官的太師椅上了。他不肯推崇，也不屑追溯。那種想說好歹的心太急切了，脫口就說出來。這冒端法極乾脆，負責但容易失之武斷。武斷的口氣常觸怒作者，讀者看了就舒服嗎？若能用歸納的陣勢把結論放到後面似乎容易爲人降服。自然，有時這直爽的方式使讀者一目了然，也是好處。

(一)評人選

『據××書局的廣告說，著者是一個文學家。在中國今日的學術界中，以專治西洋史的學者確實不多，但也不至絕對沒有罷！編者既知著者是個文學家，又何必要請他寫呢？』

(二)評選書

『此書原本沒有多少科學的價值，我不知道譯者何以偏挑上了它？優生學是一派新進的學問。原理與事實兩方面，近年來都有極快的進步。這本書是一九一七年出版的。去今已十多年。這十多年中，新拓的境地，新加的內容，在這本書裏當然不會有的……』

(三)評書名

『用這樣少的字數來描寫一種極複雜的新科學，「大綱」二字眞不愧爲名符其實。』

（四）評引言

『×先生在序言裏說「對於譯文自信還能忠實。」我隨便翻了幾頁，覺得×先生的譯文未必忠實。例如……』

（五）評定義

『著者說「社會學乃論人類團結之起源，演化，構造作用，及其間所發生之一切問題之科學。」試問×先生會否把這定義中所包含的各重要部分加以適當的敍述與分析？』

（六）概評著者態度

『本書著者雖始終沒有聲明自己的態度，但我們一打開目錄，便發生他是一個溫和的行爲主義者的印象……』

庚　詮釋的。對於一個陌生的求知慾強烈的讀者，這種冒端是最有用的。事實上，問題倘未認識清楚的讀者對於多麼高的舉薦，多麼莊重的評價也不發生興趣的。批評文能成爲一種教育性的讀物卽在這種詮釋。一個對氣象學毫無興趣的人看了這樣一篇詮釋的批評也許明白了許多溫度風向的事。但這種詮釋容易犯賣弄知識的學究病。詮釋是以原書爲對象的。凡是幫助讀者了解原書的是詮釋。走了題卽成閑話。

（一）陳述作者立場及方法

『×教授這本書是從理論方向去研究現代民族主義的。他把民族主義當做政治哲學來研究，把十八世紀以來代表各派重要民族主義的思想家的學說作一種有系統的探討。』

（二）指明本書之重要性

『今日中國的大問題是怎樣能使整個國家現代化。開倒車式的反對現代文明是無濟於事的。閉了眼睛瞎跑也是危險的。我們必須現代化，我們不得不現代化。但是我們不能不知方向地去承受現代化。這是一本研究現代化問題的書……』

(三)介紹主題

『不但在中國，就是在歐美，行政學也是新興的名詞。行政學的對象不是法律的關係，是事實關係……』

(四)指明用途

『此書既以「社會主義之基礎知識」爲名，而又列入社會科學常識叢刊之內，可見它的使命是爲一般初學者指示途徑，並不是向專門研究社會科學者供給一個貴重的貢獻。』

二三 煞尾

在三十篇書評裏，我發見如下幾種的結束；

甲 申斥的。在把全書評完之後，批評者仍有點憤慨的情感須發洩。於是，否定了全書的價值，還要追究負責人。這時常是不必需的事，因爲既顯自己刻薄小器，又極易惹作者反感。把功過指明白不就夠了嗎！如：

計算負咎者：

『譯者是翻譯界的老手，發行者是出版界的領袖，這主要自然應歸咎於譯者，但出版家也不能不分點責任。』

乙

諷諫的。比那更壞的，是用刻薄尖酸的言語譏諷作者。這是最易中傷作者，惹起怨恨的。一切諷刺的筆者都擺着超於作者的驕傲。有着這驕傲，書評就更難說服作者。縱使是個甘於領教的人，沒有作者肯領尖酸的教。在讀者方面呢，除了少數與作者有私怨的或感到痛快外，一切明達的讀者都必責怪評者的取巧。諷刺的煞尾是好書評的破壞者。常常一篇翔實公允的書評在結論裏帶出諷刺的滑腔。那眞是一件憾事，像一幕莊重的戲劇竟以一段醜態百出的穿插終結一樣地可惜。

諷刺作者：

『我們也和著者一樣希望有一本完整的××論。但×先生這一本大著卻還在我們的希望之外。因爲我們所要的不僅是「完整，」而且還要眞實。所以我不揣冒昧向×先生提議，爲避免讀者的腦力和財力的浪費計，請×先生暫時把這本書收回。等把史料鑑完了後再來問世。因爲儘管珠砂缺少，而紅土卻依然不能算數呵。」

丙　聲明的。評者也常喜利用書評的結尾爲自己申述。有時這聲明的對象是作者，有時是讀者。有時申述的是批評的水準，有時是批評的動機。除了在特殊的場合下，一篇耿直明晰的書評是不需要聲明的。如果把所要聲明的事弄得明顯些，不是便可以省卻這累贅的過門嗎？

(一)對讀者聲明（動機）

「××的優點甚多。例如……但正因爲它的好處太多了，而又已經爲一般人所指出。我就不再給以申述，只將這部小說的作者所企圖解明的中國現代社會性質的這個積極主題，而不幸爲作者所極力闡明的，卻又正是一般人所從來忽略的方面，抉剔出來，於是就寫成上文。』

(二)對作者聲明：

『在體例上所提出的錄文錄詩譜前譜後三端，我自己覺得這樣體例最當。但作者當然有他的見解，絕不能強之相同。也許我的見解過偏，希望有更深一層的眼光來指教。』

丁　獎譽的。評者審查原書的結果認爲滿意時，推薦的話在尾端原是當然的。但這種推薦必須愼意爲之。僅僅說出了好處，而且用極動聽的話說，對作者是太愜意了，但讀者卻被當成傻子看待了。一個爲讀者信靠的書評家須能欣賞原書一切好處而不馬虎牠的缺憾處。不然，書評豈不成爲廣告了麼？

(一)總結本書好處

『這本書給我們一幅現代民族主義唯實的描寫，使我們知道民族主義是十八世紀末葉以來世界上一種不可沒滅的力量，也使我們明白民族主義是團結一個民族趨於復興的唯一的精神力量。』

(二)預言書之用途。

『這本書很可以說是一本道家哲學的最好的引導書』

戊　指示的。這是有建設性的批評。不但指出了缺憾，還闢了出路。但在這種好批評下面潛伏着一個危險：書評家自尊爲權威的指導者。因爲主觀性比較濃，所以極易變爲武斷。一般指示的書評煞尾總用『希望』如何如何，想來也就是爲避免武斷的口鋒。除非有極大的把握，這種話是不可隨便說的。

(一)改善的途徑

『以後註釋名著者應多看參考書，多翻字典。出版此類書籍之大書店應愼重收稿，多請能負責任之專門學者仔細校對。讀者亦應不客氣地予以指責糾正。如是方有進步。』

(二)提示問題

「因批評這部教科書，我連帶想起了幾個編輯這種書的問題來。一、……二、……是我們應當注意並解決的。」

(三)期望作者

「然而作者的將來會不會朝這個新的方向發展呢？這卻只有待於他自己的努力了。作此文竟，謹對××君創作的前途致着偉大深沉的企望。」

(四)警戒作者

「我們說過，專給小市民喫的點心只要有益衞生，在目前也是非常需要。但是我們以為無論如何不可端出消閑品——即使這消閑品喫下去不至於立即生病。小市民文藝面前有岐路。諸位先生們可要把得準些。」

己　批判的。許多書評把判詞放到冒端裏。也許書的好壞予他的印象太深刻了，他不能等待。但沿着合理的程序，依據科學的方法，判詞似應列在煞尾，成為全篇歸納的總結。這判詞不宜過火，但也不可模稜。褒貶都須有事實的支撐。不可向讀者說着這書的不可救藥處，同時又向作者作揖恭維，使一篇書評在一種罵與捧的均衡下，和平結束。這樣油滑的辦法是行不通的。還是說出老實的意見來。

(一)功過並述的：

『總括起來說，這部書的缺點在於忽略了一部分重要的理論，和缺乏批判的精神；它的優點則在於文筆流暢，敍述簡潔，結構嚴密和思想清晰。缺點雖不能免，但仍不愧爲一本好書。』

(二)指明主要錯誤

『作者只將回到農村去，沒有出路，作了單純的說明。但他們這些人果眞的就沒有出路嗎？在這裏，作者也只對事件給與了靜力學地的了解，而沒有從動的觀點上把捉地。他們不是沒有出路的，這只要看他們自己怎樣的向前走，和能否取歷史的客觀必然性。』

一三　理想的書評

讓我們先聽聽行家的話。

下面是幾位英美雜誌新聞紙書評欄編者對於書評寫作的意見：

（一）述明全書論些什麽事物，和專家對它的意見。（旁觀報 The Spectator）

（二）按照評者所認爲充足的量數，介紹，詮釋並評判。（大西洋月刊 Atlantic Monthly）

（三）避免私己偏見；對作者全部作品有相當認識，須指明原書之性質及旨趣。（晷儀報 The Dial）

（四）篇幅與原書價值相稱；評論須有組織，不可作零星閑話；除非與介紹原書有關，不可另外賣弄學識；文筆不劣於創作。（國家週刊 The Nation）

（五）展示原書之內容及技巧至能使讀者決定「買不買」的限度；文字須既增進讀者知識又不使他頭痛；除非評者是權威的專家，工作應側重詮釋，少作武斷的批評。（新共和週刊 New

Republic)

（六）一個書評應能表現評者知識是否充足；能否清晰地述明原書觀點及性質；文字夠不夠動人。（讀者與作者 Readers And Writers）

（七）書評家假設的讀者是不但對文學有興趣，對人生更關懷。一切產生原書的背景，意識都不馬虎。（公益 Commonweal）

（八）當評者對自己的判斷無把握時，仍可以忠實地把書的內容介紹一下。別鈔原書目錄，更不可理會書背皮面上的廣告。（民主報 Republican, Springfield）

（九）多讀書多寫書評是訓練的唯一途徑。先指出本書超越或異於他書的觀點。然後，依着重要性，時間性，完全性等評論上面的觀點。原書不可引用太多。（每日新聞 Daily Journal Illinois）

（十）必須有引人入勝的濃厚趣味；書名，作者及出版人要明確註出；使未讀原書的人能獲一概念；寫出自己讀後的反應。（明星報 Star, Kansas）

（十一）在結論裏必須指明原書的功過；並聲明評者所用的基準；評者應客觀地衡量自己的反應，必要時，須打折扣由一龐大背景來接近一本書；人事經驗和博覽羣書爲書評家之至上教育，此外，別無固定法則。（禮拜六文學評論 Saturday Review of Literature）

（十二）誠懇：於評的書確有興趣；眞實的知識，眞實的意見，不爲個人好惡所左右。（堡特摩晚報 Baltimore Evening News）

（十三）批評而不刻薄，温雅而不柔弱。（科學警報 Christian Science Monitor）

（十四）評者本人是個有趣味的人，對於書有眞實的興趣，對於作者卻不必有友誼；將每一本書看成一完全新鮮的經驗，懷着莫大的好奇心，但未蓄有任何偏見；對於過去應認識，但又不可迷信過去，掩沒新創。（支城每日新聞 Chicago Daily News）

（十五）流行書評蓋分二種：親切攀談式的——把評者個人的反應說得有聲有色，表現出評者自己的情感，成爲一種創作；分析的學者文章。理想的書評乃介於這二者之間。它必須是反省的而又是想像的。（論壇 Forum）

（十六）每篇書評都須回答下面諸問題：這本書究竟講些什麽？講得好不好？講的值得聽嗎？（耶魯評論 Yale Review）

（十七）批評的着重點是原書的全部，不應過於計較瑣碎錯處而忽視其通盤價值。評者的觀點必須基於一種體系的人生哲學，得自經驗與觀察。僅敍述而不加評價永不能成一好書評。避免用典。簡潔是使文章有力而生光采之妙訣。不可存表演你比原作者如何聰明的心。（紐約世界日報 New York, world）

註　以上各條選譯自 Wayne Gard: Book Reviewing, N. Y. 1927 pp. 48—69 好書評與好文章一樣，必須有實的內容和美的形式。

沒有讀者希望由書評窺到原書的全豹。但一篇未把原書輪廓描入的書評像在水中間建房子，既無基礎，又不能爲人所捉摸。因此，一個淸楚的內容展示是必須的。但僅計算頁數鈔寫目錄可算不得展示內容，因爲離開了評者生動的描敍，博淵的詮釋，一切皆不免殭硬，對一般的讀者那是可厭的。如何能綜合地把握着全書的精髓並簡潔地道了出來爲一切書評家所必知的藝術。縱使是本專門的書，如果是爲一般讀者評，就也該用一般的言語呵！

一篇可讀的書評須剝去所有的廢話像『有一天同友人××逛××書店。忽然看到了一本……』如果這不是一本奇書，或你的發見沒有什麼可異或有關處。這段是不必需的。或者『我旣不懂國音，也不是個研究音韻學的人……』如果你這樣一竅不通，就根本不該批評呢。書評不是演講。好的學術演講也常將客氣的成分免除的。爽直是文章魄力的來源。

空洞的話也該避免。『深刻』『豐富』『細膩』『周詳』原本都有它們的意義，但在看得太多了的讀者卻成爲照例的恭維語了。與其誇它『細膩，』勿寧指出細膩的所在。空洞的話稍過火一點卽成爲肉麻的話了。一位美國讀者計算一年之內有一百多本書被慷慨的書評家封爲『本年最大鉅作。』只有糊塗的電影院廣告纔濫用『空前絕後』的字樣，因爲這用法有點把信用孤注一擲，只好準備關門。『傑作』不是一個可以用來形容一切作品的名字。如果對自己的見聞尙未十分知足，最好不要亂說出版界『唯一』『最佳』一類有分量的話。因爲如果這說法爲讀者打倒，對評者他便失去一切信仰。

拙笨的文字不能寫書評。如果書評想爲讀者所注目，它本身必須是生動的。代替拙笨的不是俏皮，那是娛人又誤人的東西。如創作一樣，書評要的是智慧。俏皮的話常很動聽，但也常是不可救藥的偏見。智慧的話要動聽。還要不委屈事實。俏皮的趣味常需要犧牲品——作者脅間的刺。智慧的文字使作品成爲亮晶透明，鑽入讀者的心靈。它介紹的是智慧，它本身必也是智慧。作者富想像，書評若缺乏了想像，也將不成爲作品與讀者間的橋樑了。

只有俏皮的文字纔絮絮累贅。爲了點綴笑料，就不惜說許多廢話。爲了顯明自己聰明，就裝腔做勢，尖酸刻薄。這是智慧的文字所不屑爲的。斯泰爾夫人在她給友人的信中寫着『請原諒我這封長信，因爲我沒功夫寫一封短的。』這不是假話。經濟的文字是最艱難的。檀香島亂蹦亂跳的野人舞不難學，難的是鄧肯女士的表現舞，不伸一隻無意義的手，連一個側面姿勢也有着美的動機。好的書評要用極簡練的文字表現出最多的智慧。它介紹的是智慧，是美，是想像；它本身也必須是那些。修辭學之不能幫助書評家與它對於創作家無用一樣。連一個下鄉傳教或沿街賣新牌紙煙的人都還須有口才。創作家也許爲圖清靜嚷着不理讀者，書評家卻不能那樣。如果他的書評不爲人讀完，他的意見也不能廣遍有效。乾燥如柴的文字誰也讀不下的。文字間若毫無光澤，說起好話就肉麻，指摘毛病又不能制止粗話時，縱有高見也不爲人接受的。

和創作一樣，書評的形式與內容應和諧並重的。

第七章　書評與讀書界

讀書界在這裏包含：書的生產者，分配者，和消費者。在這些人中間，書評家的責任變爲多重的了。

二四　書評與出版家

紐約女子書店的經理很誠實地說：『一個理想的書評自然是那種促使讀者看了卽刻想跑出家門去買的。它不但展覽出內容大綱並能指出它的特點——一個新鮮的結構或技巧，使這書現得有趣而裨益。』

這是典型的出版家的觀點。一本書印了出來，爲着紙張，印刷，版稅，他花掉了若許錢。他計算着銷到多少册纔夠本。他做着再版的好夢。他並不管這書的客觀價值。他只要引起主顧的好奇心來。

所以 Knopf 書局希望書評能『掀起討論的風波。』爲了完成這好夢，他可說做過許多事了。他發誓擔保着『意味深長，』『百讀不厭，』他把每本書都封爲『傑作，』甚而半命令地勸『有情青年，盍不人手一編。』但他過度的熱心使主顧對他反更疏冷起來。他們想聽聽書評家的公平話。

自書評取得了羣衆的信仰後，書籍廣告的效力便逐漸減小了。出版家在夢中所企望的是書評能成爲變相的廣告，那樣，他日夜關懷的『銷路』將如償地增加了。於是他使用起釣餌來。雅禮大學圖參考組主任在圖協會演講中曾指摘說：

『我們的批評刊物往往只批評贈送的書。他們的批評常受出版家所登廣告时數的影響。一本書若隨同廣告送去，書評就會快些登出來。』

這是廣大新聞界的問題。在現階段的社會裏，錢是有着無上威權的。廣告主顧是誰也不敢惹的『神聖的牛。』多少批評刊物會這樣違己地被捲入商業化的旋渦裏。爲了刊物的生存，他們用顫慄的手接過面團團出版家慷慨大度的廣告費。然後，奴顏婢膝地讚賞着粗製誇說着與內在價值無關的裝璜。忘記了批評的尊嚴，忘記了多少讀者將受這篇書評的騙。

當書評家投降到出版家懷裏時。讀者大衆的利益將無疑地被出賣了。因爲在另一意義上，書評家是代表讀者的要求。他是監督出版家貨物的執行者。他須制止劣品的發行。獎勵那與羣衆有利的。像個濾斗，書評要把出版家的影響由讀者身上隔開。精細地濾去一切渣滓，使只有健康的，正確的，美的纔爲讀者接近。

書評成爲變相廣告時，這濾斗便無從存在了。因爲廣告的用意是誘惑，是鼓吹。只要能吸引讀者，它無所不爲。利害的着重點既在出版家，讀者却只成廣告的犧牲品。

牛津大學出版部經理說：『放遠了看。書評只能在不顧銷路中幫助銷路。』（註）當書評鼓勵起大衆讀書的興趣和辨識力時，好的書自然流行了。

書評家寧可改業廣告，永不可用批評的地位作兜售的營生。

註 The Publishers Weekly, N. Y. Dec. 1931

二五　書評與圖

一位倫敦圖員批評觀察報做書評的斯僧耳 (Squire) 說:『論文章,他的本事不低於許多天才。他能填滿兩欄篇幅而對原書的內容梗概毫不着邊緣。我敢舉薦斯君是天生的作者。他的詩文都是當代極難得的作品。但他永不能成爲一個合格的書評家。』

這是一個極自然的評話。圖員代表一種特殊的讀者:要書評家替他決定『買不買』的問題。他的希望十分具體,故印象的書評不爲他所歡迎。每日要瀏覽無數書評並掌理許多雜事的他,對於那美麗的文字是無暇欣賞的。理想的書評在他只是比廣告可靠比出版情報翔實的文字。他要知道這本書在書庫 808 一架上到底佔什麼地位,並值不值得擺在那裏。

盲目地購買自屬不該。但時間又不允許忙碌的圖員把欲買的書都先仔細看一遍。即使這樣看過,天文地理,種類是這樣複雜,他也未見得都懂。懂了就能相信自己的判斷嗎?所以書評成爲圖購置部主任的當然顧問了,像沈屋 J. F. Sherwood 所說,書評是圖員隨意濫買與親自逐本審查的理想中間的妥協辦法了。

圖事業正在萌芽的中國,這種需要也將尖銳化了。文盲的減少和社會教育的發達將促成圖的增加。目前許多省縣政府不都已在建立着圕嗎？自然，書少得破得可憐。這也許是圕舍的建築時期。但終有一天，圕將按週按月購置起大批的書，特別是新書。幫助圕員搜集當代的著作的將是書評家負責具體的介紹了。

但一本書所引起的反應常是不一致的。這個說是『本年最成功的鉅製，』另一個或許指爲陳詞濫調。一個毫沒有見解的圕員僅僅憑了別人的話是最不妥的。美國圕員倍克君（E. A. Baker）君爲補救這種困難，主張：

『選讀多種持純學術態度的高級批評刊物，比較地閱讀。爲個人的偏見打出折扣。隨時參考着已藏有的書籍，以決定需要。最成熟的批評常出現較晚。必須忍耐地等待。一本好書可以爲人泯沒，卻不能爲衆人所詆毀。危險反在捧得過火。記住：留心刊物的性質，留心圕客觀的需要。』

但圕員的常識仍是重要的。書評家的對象既是廣大羣衆的讀者，只要知道圕員這一種特殊讀者的存在就夠了。他提筆時不必說『公共圕該置這本書了，讓我介紹一下。』但他卻應記住『讀者們該看看這本好書。』

二六 書評家與作者

幾年以前，倫敦的讀書人的編者為減少創作與批評間的隔膜，想探悉作家及藝術家對於批評的印象，就以『批評的價值』一題徵文於全英著名作家。那時高爾思倭茲仍健在。音樂家歐尼爾也被邀。這是一個極有意義的舉動。作家們把爽直的意見道了出來：（註一）

（一）有的作家認為批評對於作者和讀者同是無用的。

甲 E. Phillips Oppenhem：我想今日批評對作者的實際價值可遠不如十五年或二十年前了。讀者對自己的好惡也有了定見。在這人人都看小說的年頭，誰也不會受到影響了。對於作者呢，一篇恭維或欣賞的短評常是一付興奮劑。那些曾經時髦一陣的尖酸評語呢，對讀者或無多大害處，對於神經敏銳的作者卻是過分的頹喪。

（二）但大部分作家不否認批評對讀者的好處，只是於作家它是毫無裨益的。

甲 Arthur Rackham：當代的批評應以讀者大衆為對象，不應顧及作者。只要批評本身對於產生眞實藝術爲有益。它的存在價值是無疑問的。站在藝術家的地位，我不覺得曾刊載對我作品的批評有什麼價值。我並不反對說關於我作品的話（如果不是希望爲人注意，我簡直不必出版的，）祇是一切批評都必須出現於我寫完了該書之後。那時我已爲另一新的創作衝動抓住了。這衝動受不住冷水澆的。無疑地，當代作家最好不必看別人對他作品的批評。書評家也絕不是寫給他的，不然，他就私自直接寄給他了。所以，用盡了創作的努力後，讓我們靜靜地退回工作室裏去，試着下次做得更好一點。

乙 Hugh Walpole：回首我二十年來創作小說的生涯，我想我由批評得到極少的好處。各色各樣的我有過不少了。除去一個例外，其餘的不是寃枉就是成見——因爲毛病與一個人的工作原是不可分的。沒有力量能消滅毛病。你在這方面進了步，多半在另外的事上便會退了步。而且，批評家也限於一人的管見，從不能走出個人的反應之外。我願意有批評文字，但那對於創作是無益的。

丙 Mrs. Belloc Lowndes： 依我想，百篇書評裏也不見得有一篇對原作者有什麼建設的眞實的價值。只要不爲虛名所矇蔽。每個藝術家都該知道他創作出來的是本傑作呢還是劣品。經過一些嘗試的時候，一個作家一定常回顧起來自語着「呵，假如我早懂這手多好！」或者「多可憐，沒個同行作者提醒我這個！」但我極難相信任何作者回顧起來會說「呵，那篇書評對我有偌大好處！我該多麼感激那個批評家！」

丁 Stephen Leacock：我想批評對於讀者大衆有極大益處的。它鼓起興趣，使人欣賞許多不易發見的，一篇批評和一首詩有同樣的價值。至於作者卻不能由批評得到什麼好處。作者所需要的僅僅是勤工，墨水和激奮。如果他不會寫，縱有了這些也還不成。若是他不會寫，世界上所有的批評家也不能幫忙他，勤工無用，讚譽也無用。但是一個藝術創作力最好的激奮卽是讚譽。藝術皆生長在羨慕和欣賞中。魯濱孫獨自在荒島上時我相信他一個字也沒寫。我自己呢，當我想寫點幽默時，我要我身邊的人說：「嘿，眞可笑！」然後，縱使它不，我也會寫出點可笑的。

(三)也有作家認爲批評與創作有益的但卻都附有條件的：有的，必須署眞名；有的，由批評的總匯裏獲益；有的，須站在作者立場說話；有的，只歡迎私人的批評。作者對批評的一個普遍的要求是讚譽。連已寫出八十本書的作者對於讚譽仍貪饜不足的。

甲 Norman O'Neill：我可以說讚譽是多半藝術家的飲食。對於批評家我有的只是感謝。

乙 O Douglas：我個人對書評家是毫無怨言的——有的恰恰相反。當一九一三年我刊印第一本書，歐莉薇婀在印度，我一點沒希望它會被人閱讀或批評的。我永遠不能忘記那次欣喜的驚奇，當道葛拉思君在明星報給那本單純的故事一片不吝嗇的獎譽。我並不覺得我配那片話，但我卻仍愛那片話。恐怕自那以後我所寫的書都是那位書評家的賜予。如果不是他的鼓勵，我也許就不能堅持地寫下去了。吹毛求疵的書評家的針扎箭刺確實讓人受不住。一篇完好同情的書評永能引起一種溫暖的感意。

丙 John Galsworthy：批評必須是職業的，超乎個人的。一個業餘消遣的人寫不出什麼好批評來。這是個榮譽的職業，有着可欽佩的工作者，對文藝也有極大用處。批評的動機若果是對文藝單純的愛護，沒有縱性，粗的細的都是可感的。但作者總是倔強的；在批評上，他們應倔強的，除非他們覺得那批評是出自愛護文藝的眞誠並深淵的文藝修養。

丁　Cecil Roberts：我冒昧地說一句直爽話：沒有批評是有用的，若所傳達的不是贊譽。當我從事書評時，我寧可把書丟在一旁。若沒有幾句愉快的話，就索性什麼也不說。一本敗劣的書不待暗殺它自己也會夭折的。如果是好的，時間將把書評家證明成盲癡子。由一個作者的立場來說，登出的批評文章的效果可說無用。私人的批評卻有極大的效果。如果我寫成一本論法律，醫藥，體育或技術的書，我必極謹愼地請一位專家校讀一遍。這樣就可以免得出笑話。沒有作家相信自己是萬能的。我很僥倖能有幾位敏感的和有修養的讀者在身邊。我信賴他們的意見他們的判斷，因爲他們都不是專事文學的：都既不隸屬任何派別，也不迷信某種主義。沒有批評比作者自己有意識的努力更莊嚴或更有益。做書的唯一合理動機是使自己高了興再存着個使別人也高興的希望。這是我工作的信念。

戊　Stacy Aumonier：我最要堅持的一點是書評家必須署名，不是別名筆名，要他的眞名。如果這事辦到了，我不相信任何藝術家對批評還有什麼不滿了。批評是無從避免的，而且多半是有價值的。我們所不甘心的是受着黑漆漆中投來的暗箭。更不公平的，不署名的批評對讀者的權威遠大於署名的。當一般讀者看到書評下署着某人名字時，他卽刻明白這是某一個人對另一個人著作的意見。但看到那未署名的，他容易當作正式判文來接受。但一切批評都是某一個人對另一個人的意見。我自己呢，並不覺得由任何單篇批評我的作品的文中得到什麽好處。但由他們的總積全部裏，我當然獲到好處。作者若等待批評家各各把話說完再聚攏起來看一下，摒除那些空虛拙笨的，總會濺出一層有價值的批評來。

己 A. A. Milne：只有一種批評對於作者或有補益，那須出自對作者的人格，作風，生活態度都已推崇的評者之手。在評文裏，只婉惜地指明在某處作者不曾對他自己忠實。這種批評罕見得很。卽使遇到，作者也不見就受到裨益。作者所要的只是贊譽。在贊譽他之初，我們也該承認作者並非絕對的傻子。他自然會明白同樣的事，別人比他做得多好。他也懂得理想的好如何超於現實。過一下他重新努力一本新傑作時，多謝你的贊譽，他將握有一向所缺乏的自信力，向着理想的境界邁進：卽使他不，他自己也會老早明白的，用不着評者曉舌。

庚　Gerald Gould：我不敢說批評對作者有什麼具體的益處，除了例外地指出特殊的錯誤。因爲我想一個作者總能知道自己的弱點，用不到別人指摘。自然，批評也有用處的。印出來一本書知道有人在用忠實和謹愼研究着，當然是種激奮誠實的讚譽有極大的補益。

註一　選譯自 The Value of Criticism (London Bookman Vol. 71, 1926)

・　・　・　・　・　・

前面據 Stacy Aumonier 的想法，只要書評都署上了眞名，作者對書評家就別無非議了。問題不能那樣簡單，但書評應否署名確爲很重要的一個關鍵。在評者方面，不甘署眞名的居多數。在重私誼的中國，這種誠實尤不易保持。外國書評刊物的編者不刊登評者名字是有因的：他似不願受薪的評者露頭，又像避免私人的仇怨。作者呢，特別吃了批評虧的，自然要知道光棍的眞名實姓。他這樣做也並非全無理由的。一個人應負他言行的全份責任。雖然受了薪，話仍是評者自己的。如果態度正大，心地光明，縱使是熟人，也該說出的。這種尙武的風氣比國術尤應提倡。因此，書評應署名。

但書評署上名仍不能解決這糾紛。

批評何以對創作無用呢？作者認爲毛病與作品是不能分開的。每個藝術家都有相當的自知之明。不過藝術是『嘗試與錯誤』的學習，必須階段地進步。更典型的是高爾綏倭茲的意見：作者應該倔強的。當藝術家看着批評家的指揮棒時，藝術就算破產了。

認批評爲有益的人，所要的果是批評嗎？不，他們要的只是獎譽，要一種奮興他們給他們自信力的獎譽。眞實的批評他們一樣不要的。這十多個作家在寫意見以前想來絕不會聚集商議過的，所以就更容易代表一般作家的意向。在這些意見中間，卻閃耀着一個共同點：創作家不喜批評。他們要的是獎譽。不過，和小孩不同，他要獎譽爲的是寫成更好的作品。指摘對於敏感的作者是太冷的水，他受不住。

不受歡迎的書評家，你該怎樣應付這窘迫的局面呢？

創作家與批評家的世仇結得有年了。十八世紀的小說家斐爾丁 Henry Fielding 在他的傑作託姆瓊思第五卷的序章裏曾多麼輕藐過評者，這『天才的書記』呵！他罵他們做淺薄鬼，長舌婦。人家挖心熬血寫出來的文章任他吹毛求疵地瞎指摘，一點不體貼生產文藝者的艱難。

這種輕藐也並不盡是無稽的。在過去，批評家失檢點的行爲曾使作者存了戒心。一八〇九年刊行的評論季刊（Quarterly Review）（英國保守黨機關雜志）在書評史上留下了遺臭萬年的劣蹟：那便是昏憒的吉浮德君（Gifford）懇求過濟慈放下他那管寫詩的筆，因爲『對於這門藝術他缺乏秉賦。』

但不能每個作者都以濟慈自許，書評家也不都是吉浮德之流。

創作和批評生成是對壘的嗎？

創作家要大方的獎譽奔放的想像使他厭恨一切規律。他時刻想衝出傳統，開闢新的表現途徑。天才便是嘗試獨創的本事。對於過去他比較淡漠，因爲他想創造的是未來。他願意批評家尾隨着他，在他完成一部書時賀一聲采。不然，他就駡批評家是笨伯，是寄生蟲。年青的歌德曾憤憤地說『殺了這條狗，他是個批評家。』許多決意不睬批評的作者遇到一篇誇獎他的文章時心中仍不免雀喜。遇到誰說他壞話時，那神志頹唐咬牙切齒的勁兒也全畢露了。他不睬的是與他無切膚關係的批評。

和一切想居於領導地位的人物一樣，批評家需要權威。奬譽是最傷權威的。連痴人也會說幾句好話。惟指點毛病纔能證明卓絕的能力。爲了穩定自己的立場，他得尊崇若干古人的科律，因而對於新的憧憬就遲鈍保守了些。於是，雙方的衝突成爲極自然的事。批評與創作成爲不共戴天的仇敵。創作家動起意氣駡着批評家。後者搬起規律的大帽子向作者頭上砸。

一個有良心的作者除非寫出了自己愛得不忍釋手的書，就不該輕意把濫製印了出來。批評和領兵顯然不同，不容作威作福。書評家是服務社會的。爲什麼儘讓幾千洗耳靜聽的讀者焦灼看着你的背卻把面朝向氣橫橫的作者，在一隻崛強的耳裏絮絮不休呢？讓無視大衆的批評家去和作者惹氣，書評家工作的對象是讀者。如果根本他的臉不朝向作者，阿諛和損貶同是不必需的了。評價終是不免的。有良心有信念的評價是不會妨害創作的。惟陰險鬼祟的批評纔眞是創作之敵，因爲那樣的損貶固令作者喪志，阿諛就不鼓勵他的浮燥與倚賴嗎？一個拘於傳統，沒有想像，心靈缺乏冒險精神的書評家和抱着「創作指南」的作者一樣愚蠢。

一切作者都只貪求着獎譽嗎？當代英女作家瑪麗勃登（Mary Borden）曾說過這樣挑戰的話：『……莊重的聰明的批評與文學有密切的關係。我自己要它，離不開它，高興有它——但我有的太少。只要一看到好的批評，我馬上可以認得出，就像批評家看到一本好小說時一樣。老實說，我用批判的眼饑餓的心靈讀着關於我的批評。遇到一篇有價值的，我由衷地感激。但是，唉，我最常經驗的是批評我書的人根本不曾讀過它。』

社會主義的烏托邦到來時作者將有怎樣的一份命運，誰也不知道。在這犧牲着普遍平等而又准許個人自由的社會裏，文藝創作家在情感想像上，總比別人來得更放縱些。在這樣場合之下，批評家想指揮作者就永是個夢。有如階級意識一樣，崛強的作者心中似有一種反抗批評的『複識』（Complex），有時甚而換一個人，換一個處所，他便可以同意了；但若出自批評家的手筆，刊在批評雜志裏，卻只有使他感到黑沉沉的壓力。實際從事創作的人對於藝術形成的過程及艱苦理應比批評家熟悉。批評家所指示的多是抽象的分析的，若不是外行的，想像雖不宜糊塗，但和批評比，卻是個直覺的綜合的作用。能把捉到分析與綜合雙方面的話是不易的。書評家也並沒有在腦後另生一張臉的。當臉朝向作者時，讀者便容易被遺棄了。

書評家的威權完全維繫於對讀者的服務。他應朝着讀者，對着作品說話。如果是科學的著作，就糾正錯誤了的事實；如果是文藝，就陳述個人的詮釋及反應。

當從事批評的放棄了指導作者的雄圖時，作者便也該虛下些心呢！

二七　書評與讀者

也許批評家還在夢想着指導不服指導的作者，夢想着顧問唯錢是圖的出版家，但書評家的眞正對象須是讀者大衆。作品價値的起點是在被人閱讀。這中間，需要一座橋梁，促使作品與讀者接近。一向做爲這橋梁的是出版家推銷的廣告。這不是一座好橋梁，因爲它是搭在把讀者與出版家的錢袋之間，遍滿了誘惑，遍滿了誇張，專引讀者上當。書評的存在就爲要代替這座出於一方貪私的橋，抵抗商賈的誘惑。他雖介於作品與讀者之間，但他的臉卻朝向着讀者：替他選擇，詮釋，替他評價。讀者開卷的動機是不同的：有的厭倦了苦惱枯燥的現實，想藉書中的想像世界逃避隱遯。但當那想明白人類始末的奇心勃盛時，又盼着由書中發現自己了。連小說的讀者也有着這樣不同的兩種。有時，他願讓那浪漫的原始生活把他帶到陌生的地方。但當他拿起子夜時，一種想明白高樓大廈裏的實業家們究竟日夜聚議着一些什麼事的心又蠢動了。書評家應把適當的讀者導引到適當的著作前。

書評家應是作品與讀者間最周全乾脆的介紹人。他並不把兩個脾胃不投的陌生人曳到一起，可也不像另一種介紹人，仰起頸項自言自語，任他們自相追尋。遇到了劣書，勸告人遠避是書評家責任。遇到好書，他會用極清楚，妥貼，動人，周詳的語，簡簡單單地，使讀者即刻就想接近。他明白他們仍須像一切朋友一樣得互相發見自己，所以他永不把自己介紹的話做爲最後的判詞。他說出的意見足夠讀者做進一步的認識的準備了。不含混，可也不武斷地說出了他所發見價值。

書報評論在發刊詞（註）裏會極明顯爽直地指出他們工作的目的是服務讀者大衆。

『中國的出版界自從「小書店」打破了「大書店」的獨占以後，有志研究文學和社會科學的沒有閱讀外國書籍能力的青年們就除了在課室裏被強制死讀那些乾燥無味的「教科書」外，還能夠買到許多自己所要研究的有趣味得多的課外讀物了。現在各「小書店」已出版的新書也不止幾千種，而每月所出版的新書也有幾千種。這個數目雖然比不上英法美日俄等國，但中國的讀者已發生了「擇書的困難」了！

『圕事業在現在中國是極不發達的。不僅各大城市沒有圕，連中學也很少有較好的圕。大多數是藏了一些「古書，」至多也只購備了幾本「大書局」所出版的舊書。至於「小書局」的新書是難在這種圕中佔有地位的。甚至有許多中學校連這種不完不備的圕都沒有。因此，有志自己研究學問的青年們就不得不自己購備課外的讀物了。

『一般的中學生其家庭大都是屬於中產階級的；他們每年所能拿出來買書的錢是有限制的。至於那些貧苦的子弟勉強入中學的，或因無錢入學而克苦自修的，他們所有的買書錢更有限了。「怎樣可以有限的錢買得適當的書籍呢？」這是一般青年們所共有的問題。

『選擇書籍所發生的第一個難題就是同樣性質的書時常有二種以上的，例如社會問題大綱這樣的書，最近出版的有柯伯年編的，有郭真編的，有張琴撫編的，有楊劍英編的，施伏量編的，孫本文編的；數年前出版的有熊得山編的，有相菊潭編的，……若連譯本算進去，有十幾種究竟是那一本最適當呢?

『第二個難題就是同一本外國著作時常有二種以上的譯本。例如布哈林的唯物史觀有五種譯本：泰東的，北新的，現代的，南強的和平凡的。蒲列哈諾夫的馬克斯主義的根本問題也有五種不同的譯本：江南的，樂羣的，泰東的，滬濱的和眞善美的。究竟那本是較完善的譯本呢?

『第三個難題就是有內容極壞而書名卻極好聽，或書名與內容相反的。若看見極好的書名就去買，時常是會上當的。

『除了上面這三種困難之外，自然還有許多小困難。這是每一青年都深知的。一般青年對於上面所述諸種困難自然也各有其解決方法。最普通的擇書標準就是：（一）著作人或翻譯人之名望。（二）出版的書局（三）廣告。

『第一種標準粗看起來好像極爲可靠，但只要略略懂得出版界的內幕就知道這是不十分可靠的。因爲（一）在現在資本制度之下，著作和翻譯也是一種商品。書店老板買稿時是照字計算的。而每千字的價格是照著作人或譯者在出版界的地位來估定——從一元至十五元不等。因此，每個著作家或譯者只能顧及作品與譯品的量，而不計及其質。（二）出版的書店只以作者或譯者的地位來估定價格，而不以作品或譯品的內容來估定，故發生一部分已成名的著作家或翻譯家向未成名的作家或譯者以低價收買其作品或譯品，然後簽上自己名字而以高價出賣給書店：（三）著作者或譯者為適合書店的需求起見，時常不能不著述或翻譯那些屬於他所專門研究的範圍以外的學科作品，如研究政治經濟的人而翻譯文學的書，研究文學的人又翻譯社會科學的書。

『憑出版的書店更加不甚可靠。抱有一定的目的，而出書很有計劃和選擇作品或譯品很精細的書店。只有少數。

『廣告就越發靠不住了，書店的廣告之讚美書籍好像走江湖的人之讚美他的膏藥一樣。賣膏藥的說他的膏藥是萬能的，賣書的也同樣說他的書是人人必讀的。書的好壞絕不能廣告上看出來。

『一般青年讀者不知花了多少寃枉錢，費了多少時間，上了著作人或譯者的大當。書越出得多，擇書也越困難。書既不能不讀，不能不買，故很迫切地需要買書和讀書的指導，以解決這種困難了。』

註　見書報評論創刊號一九三二年一月十五日

二八　書評與書評家

看起來，書評家肩上的擔負眞不輕：出版家要他把書當做新聞代替廣告；圕員逼着他說一句『值不值買』的負責話；剛開口要估價作者氣了，他要欣賞的批評他要鼓勵；書評家正縐眉呢，讀者，他的眞實聽衆，卻掉轉身去，離開他了。

多少書評家爲了負不住這擔子而改業了。

一個有脊梁骨的書評家卻不因難而輟。他能在不顧及任何一方中滿足各方合理的欲望。如果書確是很好。他並不吝惜好話：他雖不拙笨地說『值不值買』的話，卻把內容具體地估價了；對於作者，像聰明的母親給孩子糖果，他非不鼓勵，卻有節制。當他對讀者解釋書的好處時，他知道作者也在旁邊竊聽着哪。意識到這點他永不說傷心寒膽的話。他不以寵愛恭維侍奉作者，正如他不以書評的座椅威脅作者。他以正大光明的態度獲得作者的佩服。但他並不在意那佩服。他尊重的是批評工作，而不是他個人。

對讀者他服務，卻也不侍奉如奴隸。他把讀者看成智力的平等者。那是說，他並不武斷地強迫讀者接受他的意見，也不賣弄學問如一塾師。讀者的好惡是受風氣支配的。但他不追隨那風氣。他不固執，對自己卻有信仰。所以他纔能不問風氣，不管某大學者的意見如何，仍勇敢地說出自己的意見來。

附錄

創作界的瞻顧

對於外人說我們「缺乏創造精神」的指摘，如果欲作防禦戰的話，不是無話可說的。就十年來的中國新文學而言，我們甚至可以暢懷地想：在某某諸方面，我們的情形，卻比金元的美國強多了呢！我們的讀者大衆並不是馬達機輪上喘息着的勞工，因而逼文藝者製作「工餘消遣」的傾向還未露頭。既習慣於沙漠生活的單調，對小說也並不要求鈎心鬥角地屈折複雜生涯裏玄想的成分本已太多了些，因而大部捧讀文藝的動機不是逃避現實，實在是反而想藉那發見現實，認識現實。我們的出版家雖同樣有着一對機警的眼，一隻等待裝滿的錢袋，但大吹大擂的 Best seller 還不曾盛行！這徵象是說，我們的批評家還不曾爲資本家賄賂所驅使，他們還有自由，有理性，有責任。這些人卽或由於在諸事上的迷茫與遲鈍，大體說來都還安分，還老實。一本書的成就，暢行，出之於廣告宣傳者少，訴之於讀者愛好者多。

十多年來少年中國的文藝成就了些什麼呢？數目並不多得不足信。難以衡度的卻是精神上態度上的轉移。由染了陽光的這方面看，我們的作者是逐漸由盲昧地任憑靈感差使而進爲有意識的藝術者了，他時刻在發現自己的短長，發現創作的過程，發現作品在讀者心理方面的反應——社會的反應！但這並非一般流行理論所建立的功勳。不是嗎，在先幾乎每一知名作家都該出一本「文藝論集，」談小說的結構，談農民文學，但那些學說並不會使他們自己的作品更緊嚴，更充實。近年來我們的作者已聰明地把論思潮的講臺讓給教授們，而各自老老實實地埋頭創作了。由刻苦工作的過程中參悟出比文學概論更切實的藝術教訓來。這些獲得，都吸引，滲入各各作品裏去了。

一向文藝者自覺超於凡人的是「敏感。」因而日間看了一幕社會不平事，晚間卽流着淚寫了下來；對於事件的前因後果全可不顧。更可憐的是除了把握住那點事實現象外，並不知如何使用想像，把那殘缺，複雜的材料釀成完整的藝術型。今日，我們的作家在表現前，卻不同了。他們是經過了思考方握管的。一樁事件必先送到理智面前加以檢選，再浸到想像溶爐裏經過相當修剪與彌補，然後方以符號表現了出來。因而年來狹窄的民族題材爲人所不齒了。傷感的人道主義只能博幼稚作者的青睞。在飽含社會性的寫作上，大家都在竭力掙出時代環境的門檻，而尋找那更根本的體系了。

我們雖不曾有一位托爾斯泰出來大聲疾喊，藝術和「道德」在一種極自然情形下卻妥協了。不要誤會「道德」這個名詞對於藝術的損害，它從不損害，藝術多少巨製是寄附它身上方能完成的。道德並不曾束縛住藝術。一個藝術者懂了情理，長了良心，明白了對時代的義務，他不能輕視這個名詞！極明顯的例證是大家都在努力跳出個人主義這個圈子。在態度上減少了那「自家」「自家」的濃味，但在藝術上卻又在努力保持他那獨自的個性。這是個啓示：藝術者如有健全的心身，道德是不須刻在石板上的。同時也說明，藝術應在某一道德下始克完成。

中國早年的小說做了雙重的奴隸，這是件不易隱諱的事實。由外國盜陳舊的故事型胎。由舊詩詞裏盜傳統的美的詞句，在讀者心版上有現成的反應的詞句。近年來，避用陳詞，創作刻畫的表現的詞句成爲一種普遍的有意識的努力，在故事型胎上，也多數在竭力躲避窠臼走上新路。

我們的小說家大半已閉上了說枝節話的嘴，停下不必需的動作，而對「壯美」在追尋了。（這就是一種德性。）再不見作者把自己的譯詩和原文對照地塞進小說。再不見作者堵上人物的嘴，捆上人物的手，以自裸狂爲專長了。壯美，這鵠標嚴緊了故事的結構，詩化了故事的題材和背景。壯美的追尋促小說家在技巧和內容上一併地向詩歌的疆域裏侵犯來。使用詩人統制讀者情感的專注，使用詩人錯覺美的詞句「春雨」「黑夜」，我們的作者是那麼喜歡把氣候風景和人物心情混沌起來。聲音顏色嗅味那麼常爲想像召喚而再現。在背景的塗飾上，我們的小說顯然已由呆板維肖的照像走入想像的選擇的繪畫了。一種如何光輝煜煜的手段！這些在成功途中的努力多是由於作者對藝術的可能性有意識的緊握。克勤代替了天才靈感的迷信。

我們不能十分自菲，就因爲一切成就原擱在我們的面前。

但是，如果稍挪一挪角度，我們便會發見無數可憂的痼疾。

何必忙着探問一九三四年的理論呢！我們文藝的大部仍拖在浪漫的氣息裏。即我們的革命文學家也不屑寫硬板板的現實。批評家儘管流血流汗般論戰着，幾乎每個作家都染着傷感的回憶的多情的浪漫流行症，時間往後煞，有時煞到千年前；地方總染着惹目的顏色；人物披的多是傷感的，英雄的，淪落的或異邦的衣裳。故事最流行最方便的方式是宿命的悲劇。無意中賺一點兒眼淚仍不失爲作品主要目標。壓在習氣現實下翻身的人太少了。翻身而能得勝利的更少。文學的評價幾乎成了眼淚的衡量。因此，如果年來小說在讀者記憶中留下一二人物時，那幾乎無例外地是曾逗起他「酸心」的人物。在把一個庸常故事，庸常人物，庸常背景繪得有聲有色有骨有肉上，努力的人太少了。

在技巧上，我們也是太安分，那即是勒克夫人的「太不創造」了。在可能中，我們躲避那勇敢的寫實的敍述，而採用省事的方便的寫法。作品最常見到的是：懺悔式的第一身自敍，天方夜談式的故事中之故事，和一切不需要緊嚴結構，充分允許描述解釋語的方式。如果是心理小說，則最便當的辦法不是如 O'Neill 地用行動表現內在的心情，不是如 Joyce 地致力於心理剖析，而是由作者鑽到人物的胸腑中，隔了肚皮向讀者報告變幻。總之，即效法，我們也太避難求易了。

內容的貧乏更難盡述了。把作品和自己的人生觀，政治信仰，處世憬悟打成一片的作家眞是太少太少了。如果表現主義的精髓在乎用作品發洩一刹那的憤怒驚喜，那今日的中國文壇應爲克羅契所豪傲了。作者若成了勁風中的衰草，任了情感環境支使，那該是多麼軟弱的動物呵！如果有人寫一篇農民的悲史時，那作品着重處還多在悲感的引起。當作者放下了筆，抹乾了淚，當讀者放下了書，抹乾了淚時，農民便又陷入被忘卻的國境裏了。適纔的淚恰予情感以舒展。

和以上傾向相反的是靠近通商大埠，得以接近新到西洋雜志書冊的一些作者。在他們的作品裏，我們見到對傳統的叛革了。但替代的是什麼呢？流行的技巧，漂亮的皮毛。一本「論語」走了紅運，許多萌芽中的作者都丟下了藝術的筆，寫起「幽默」來。好個幽默年！一個人用俏皮的筆把舞女寫出興味，多少人也都轉向了這方向。我預料，讀者大衆厭膩了的那天，這些正吸引人的豔事也將如當年千篇一律的三角戀愛一樣地被擯棄，如果舞女不再表現些比吃咖啡說潑性話更實在的事。因爲讀者的贊許是最不可靠的。一個有見地的作者，他就決不會在作品上有供讀者挑選的意見。尤其是那些淫靡猥褻的意見。並且這種讀者此刻他張了臂歡迎着，有朝一日感到厭倦時，他再不會記得你那一本書曾在火車旅途上陪伴他的那回事了。我們看看吧，這日子近得很啊！

目下文藝畫報化的風尚，我終覺來得太早了。不錯，美國有大腿插圖的文藝雜誌，法國沒有也許還有比那個更進步一點的罷？那顯然地說明文藝在該國已成了消遣品。作者甚而可以忘卻藝術，只要色情詼諧的暗示，足以使重重工業下的奴隸吐出一口放蕩的氣，在分工合作的社會組織下，文藝者就算盡了他的職責。但是中國的工業距人家還差若干年呢！這時文藝就已當作了消遣，那時又該如何？畫報化的文藝是爲大衆嗎？在文字內容形式和價目上，都只有見其遠離大衆。丢棄了藝術又丢棄了大衆的文藝往那裏走，請問？

雖然中國教育如是落後，我們的讀者並不曾拖在作者的後面。縱窘得夠受，他仍不吝惜一筆買書的錢。這由於書業同行年來在「代辦書報」的競爭上可以看出買者的慷慨和踴躍來。從若干「讀後感」中我們看出破費了金錢後，他們又用怎樣誠懇不苟的態度讀着時下的作品。但如果我們的讀者賞鑑的水準有提高的話，那可不能歸爲批評家的功勞。批評家除有因他愚蠢狂妄和狡獪常常混和讀者與作品的領會外，就沒作過一件有意思的事。

在中國，沒有比我們批評家再藐視讀者的了！能負責任地作權威的評判固很好。如果不能，在印象的短評中含一點點讀後的憬悟也好呢！除了扯住外國宗主打打理論架以外，太多的批評是寫給出版家和作者的了。一本幾乎唯一的書評雜誌，載滿與大衆趣味隔絕的書籍的詳評。一本流行的書評的雜誌載滿了書賈兜銷的廣告。（如電戲院編的影聲。）批評是被當做了標榜，威嚇出版家和作者的工具，我對讀者所負的職責卻被牢牢遺忘了。如何幫助讀者了解一部已經通俗了的書，是視爲如大學教授編小學教料書的可恥。因而，除了在黑夜裏摸路外，我們的讀者，是受着書賈的封面題字如何「尤爲名貴」的指導，出錢買書的。

批評家不是用辯證法的大帽子就是引用某某外國學者的綱繩，我們的批評家太急於對一個正在努力中的作家做蓋棺以後的總括結論了。這無機體的不切實的案語，無論其性質如何，是不會有利於創作前程的，爲什麼不把羅盤縮緊些，集中於現刻的創作中的作者呢？爲什麼不集中在某篇作品上，謀讀者理解作品的補益呢？從一般批評看，這些人應改業作牧師，屠戶，唱花鼓戲者。

如果批評家負有興趣領導責時，年來劇本的不景氣和近些日來長篇小說的萎靡是和評論界有關的。一部「家」在克苦中產生了出來，卻見不到一篇證明評者曾屏心靜氣地讀竟這部巨製的評論。尚徘徊在手工業時期的中國讀者若已對長篇生了畏縮，實嫌太早。如果田漢熊佛西諸人的戲曾受到普遍的認識，那是他們公演的結果。戲劇由批評者享有太少太少的注意了，因而陳腐的粗製仍在流行，而新進作者鑒於批評者對此道的白眼，也各自失掉了嘗試的勇氣。

批評者必須和作者敵對方能成爲批評家，方能應用他的職權嗎？許多批評者的高傲勁實就由於有這點威風。許多搖着頭嘆息着「這行太得罪人」的中輟的批評家，其氣餒也正因爲本身難於措置的地位。事實上，這敵對的局面是極大的錯誤。批評者對於藝術史的和哲學的了解都該比作者來得深切些。他的責任正在培植調護萌長中的藝術，像一個保母似地。（因此一個對處女作吹毛求疵甚而下殘酷論的批評家直是藝術的劊子手）作者在創作那一刻雖竭力不爲情感所絞絆，而終於在想像的霧中有迷途的時候。批評者除輔助讀者了解作品外，對作者是有着提醒指導之責的。除非批評者含有惡意，除非作者有護短病，依常情說這不但不會得罪，反而足以促成合作的。但我們的批評家是太神經過敏了。他時刻懷疑着自己是惡意的。，於是懦弱的，投在作者麾下充食客；頑強的，把批評當作了射擊的箭矢。

對隨時等待掏腰包的讀者我們是無話可說。他們皆那麼老實：畫報也好，詩刊也好，幽默也好，……。他不會明確地要什麼，但一切都說是爲讀者，這啞吧的主顧！一個文學者責問某電影企業家說：爲什麼在連一座幻燈還不會製造的時候忙着攝五彩有聲呢？爲什麼連基本表情還做不好就忙着演歌舞野獸片呢！電影導演家由嘴裏拔出粗壯的呂宋煙笑笑說：這和出版界還不是一樣！

中國的文藝應向結實處走。在這方向上，作者和評者應善意地自尊地攜手。

小說

「題解：小說，瑣瑣說來之意而已。」

除了藝術，一個作者最悽慘的失敗是得罪了讀者。看樣子，每個讀者都像很虛心地捧讀着當前的作品。實際上，是下意識地每個讀者都希望或都要求作者在適當的地方留一些縫罅，讓讀者用自己的想像與作品合作，在作者暗示出的圈子裏去摸索補充那些朦朧隱現的影像。惟這樣，讀者纔覺得是在積極地讀一本書！

一個知趣的作者，在這樣場合之下，直覺地會節省自己的精力在不必須的處所。只有粗俗的作者纔費力不討好地描眉畫鬢，賣弄筆法，盡力暴露自己不信任讀者的錯誤。

雖然作者應具有一份比常人更敏銳的觀察力，那並不是說他得終日捧着一座顯微鏡，把日常生活細繪細繪，便算在盡他的責任。誰高與看開慢了的電影，或由祖父失去一隻小雞述起的章回小說呢？生命是匆忙的，曚曨的。一個作者之技巧在善於吝嗇文字，節制刻劃，在由匆忙中尋出井條的綫索，由曚曨中看出生命之輪廓。

中國小說將進步到什麽樣一種程度呢？這要善預言的新批評家來說。但目前的「進步」却是我們一般的讀者覺得出的。依着胡適先生的解說，短篇小說的特質是在展示社會的橫剖面。我們儘可以拿這橫剖面來區別傳統的和經西洋文學薰染而現代化了的初期中國小說。縱聊齋中最短的故事，其筆法也不出豎剖面的模胎。初期文藝中之小說，其新鮮的地方是在省略了對角色身世性格詳細的道白——雖然有時這省略只是在冒端；爲傳統習慣所拘束，有的作者還仍得設法用反筆把這人介紹一回，作着這種費力而不討好的事！

讀了中國的初期新小說，總覺得故事一開幕，作者所努力的便是佈景的安排。搬移一座山，插上一顆樹，橫貫一道小小的河流，這樣那樣，一切場面皆排定了，然後纔抱來一對木偶男女，先描畫眼，再穿上衣服，然後，吹一口仙氣似地，其中一個開了口。人物穿的照例是些戲台上的彩裝，說的也離不開一些做作的舞臺話，這樣文章的作者不但對舊詩詞須有涵素，並且還須是個極有耐性的人。作者與讀者的耐性相等，或作者的耐性超過了讀者，這作品，便成爲洛陽紙貴不踁而走的作品了。

終於，這作風引起了厭惡，有了叛革，原因自然是讀者並不一定都是不缺少這閨秀氣耐性的讀者，而作者也對於這耐性修養或疲倦了。近年來的作者皆似乎對這背景人物的敍述之討厭處強烈地意識着，有的曾捉到了借事寫人，借人寫景的技巧，有的則企圖運用最警人，最素描，最簡樸的文字，創造他的故事，安排他的故事，各用新的成就填滿了現代文學史之一行。

在文字使用上，最初，除了詩詞中的抒情字眼外，還有章回小說中『且說』『看官』一類的成語。似是一位並不熟知外國文字結構的作者，介紹一種依據直譯文的構造，曲折多彎的筆法。這體裁流行直到現在。牠拖長了中國固有的文字，繁化了固有的句法，必使一句話裏包含了多量的情緒與意識。看不懂時，拗得令人悶氣，揣出意思時卻新鮮可喜。這體裁近年來也有了叛革；——而且受到原創始者的叛革。目前還有一種根據直譯文結構的體裁在流行着。那是饒有俄國風樸實風的文字，在靳以先生的聖型裏我見到了。其筆法不以伶舌動人，而以一種幾乎笨拙的話來表現，作者雖是講故事，卻仍不愧爲老實人。

以聖型一文而論，這幾乎可以說是一篇毫不用力寫成的東西。不但在形容字上，即情緒的來路上，作者也有極大的節制。一種忘了是在說故事，漠不關心的情調，說服了作者之眞實人物的性格是由她自己的行動爲說明的。若給另一個作者寫來，全篇應該有許多發散喜怒情緒的機會。而且向讀者誇示驚奇的地方也不缺乏。然而這羞澀的，胸襟寬大的作者，始終如那有奇遇的男主角一樣地冲淡平適。作者供給了一個統一的事實。情感是萌長在讀者的心上的。

初讀到張天翼先生的蜜蜂時，我就聯想到渥玆華士的 We Are Seven 一詩。偉大的藝術應是莊與諧的合奏。如果迭更生沒有那些動人的悲慘故事，僅憑幽默他混不到藝術的列羣。雪洛·勃蓮特的 Jane Eyre ，一部滿了血淚的書，最大的缺憾是缺乏幽默來調和那悽楚的苦感，害讀者總在托着一顆戰慄的心讀。莊諧調和得勻稱，就有作者之心的平衡。蜜蜂的成功在以諧趣的筆調寫莊重的事實。先把讀者逗笑了，然後，使他自動地淌出淚來；甚至使他後悔他的笑。

在悲感一方面，我們的小說家近年來已進步了。前一時節，創造社的作品中失意者哀愁風度，似在咧了大嘴，哇哇地哭。（是必需的事嗎？照例作者是不能容放一個攷慮的。）而近年來我們的作家似在努力使他們的角色用一種嗚咽，甚而帶着一個強迫的笑容的嗚咽，來代替那天眞的嚎啕。放聲大哭彷彿已成爲舞台上丑角引人發笑時的專利了。動人心魄的悲戚，需要比那更有節制的表現，這變革實畫出了進步的記號。

雖然在解脫着舊詩詞的窠臼，我們的小說家却並不曾把那抒情的成分完全拋棄。這些據說是有毒的東西，在某種人手中，仍然可以配合成爲悅目爽心的調子。隨着詩壇的轉變，近年來的小說在背景敍寫上，似正向着象徵主義道上奔馳。讀了穆時英的公墓的人，都不免這樣感覺到。文字故事不再是呆板的舖陳。色在舞，形在舞，人事插在中間，匆忙地流動着如一片水銀。山水不僅是背景，是氛圍，而且成了故事中不可分割的一部分，關聯着角色的性格，關聯着角色的命運。像以原始生活景色爲背景的從文先生的小說，像巴金先生的海的夢，背景美到幾乎催眠了讀者，似乎是這些作家寫作時的目的之一個。這須要邁過事物表面形態而探索更深刻的靈質的工夫。動作景色上有節奏的重現，煜煜眩目處，和野人音樂一樣的懷有不可抗拒的魄力與魔力。

在敍寫上，能運用文字成爲一組有聲的鍵盤，綵色各別的顏料，在輕重濃濁之間，得達恰到好處之妙，在現代中國作家中，已很有幾個人。這些人皆可以說既捕捉了文字，又捕捉了讀者。青年左翼作者之羣中，同樣明白把文字作樂器，彈過出色曲子引人注意的，有一個沙汀。

欣賞的距離

你也曾有過這經驗？剛好袋子裏的錢掏空了，剛好一個朋友慫恿你去看一個由名舞臺劇改編的片子。於是，怎樣？只好去借一點點……，是的，有了那麼一點點……，馬馬虎虎混進去，只要看見了就算了。

就是在這麼個情形下我看過了「維也納重逢」我的債主恰巧也是我這麼個窮鬼——同樣羽毛的鳥纔能飛到一棵樹上呵——拉開大抽屜，拉開二抽屜，摸大褂袋子，摸小衣袋，東湊西湊纔湊了六毛錢羞慚地塞到我一隻汗溼溼的手裏。怎樣辦，不拿嗎，多對不起人！而且，那兒再找這樣慷慨的資本家。於是，就羞慚地接過來。

走到戲院門口還念着馬馬虎虎混進去，「看過一次，把這份願心一了，就算了。」於是，六毛錢換了一張滿了寒傖的不灰不藍的前排票，在多少熟人生人目光的護送下，躥直躥到台最前一排，謹謹愼愼的坐下來，看了算了。低下頭去，聽熟人招呼也裝不理會。只待鈴一響，叫黑暗把這窮苦而誠意的美的崇拜者帶進藝術的世界裏。

鈴眞的響了。紫色絨幕揭開了。來了一堆廣告獅子腦袋東幌西幌幌出你心窩裏的片名。不由得你不聚精會神起來。呵，扁的建築扁的傢具扁的人物。一切皆在距離不合度的情形下弄歪曲了。嗡嗡的聲音在你耳鼓裏鬧。看不見光，看不見影，只是一團扁的線條在眼前幌。

撅着嘴出了那個影戲院。

爲什麼？除了視覺的反應外，還有的，是坐得離布幕和喇叭太近了。美的工具奪去了我領略美的氛圍和情調的機會。

我纔懂得欣賞藝術，「距離」是要的。

然而這距離並不限於物的方面。心理上的距離更需要呢。

記得去冬在粵同一個朋友看舊都京華。那沒有到過咱這古城的廣東佬，給那巍峨的城牆，那無際的柳隄，迷得如到了天朝。然而我呢？我知道那是西直門，那是北河沿。引起我的是一點點淡薄的鄉思，而得不到她的美感。神經的反應直接地受經驗的支配，我也擺脫不開。我沒法把我走過幾百回的城牆想像成天朝的門。那一片烏灰所引起我的不是作者預先算定的美感，而是我由回憶小囊中掏出的固有的糞車和菓攤。歸途渡海時，他在黑茫茫中冥想那北國的情調，我的感情卻用那片子給我的印象作橋，渡我到那城裏的故人身上去。

都說會嗅味的是冷鼻子；會辨色的是冷眼。這『旁觀者清』的說法並不違反科學。「熟」是朋友間的膠，卻是欣賞藝術者的魔。牠會用凡俗的甚至不相干的記憶混擾我們對美的鑒賞。打開一張山水，如果能說這是個什麼地方自然會叫這印象具體化一點，甚至可以在想像中增補所缺少的一條橋或一座廟。然而正因這一與實物連起來而糜損了藝術的作用。

我常看見朋友們追問一幅畫的朝代和手筆。但一張中國畫張在一個外國人面前時，他只有把自己浸在，或者說丟失在畫境裏，摸索着那些象徵東方民族感情的一把線，一堆點，一片顏色，以及相混相揉而成的這幅畫所給人的感覺。

我還看見過一個法國女人把咱鄉下盛粥的大粗碗懸在她幽雅的客廳裏，合着掌，細細的玩味上面粗率單純的條紋。我曾捧腹笑過一個英國老頭子把塊北京切麵舖的招牌掛在書房裏。哈，『興泰館！』這東西幫助我記憶起那些蒼蠅同油膩桌面。而他卻只在那上頭欣賞那雄壯的筆鋒，與那金漆色澤的配合！

骨董家太重視了『眞』的時候，會輕忽了美。鑑賞家太熟習了藝術品本體一切的時候，會失去那點由朦朧而來的陶醉。

「藝術的陶醉并不由於那藝術品的……卻由於鑑賞者不明白那東西的……」誰說這句話漂亮呢？不管是誰說的，應當有這樣一句眞話。

在許多地方，異國的情調會受到比本國更厚重的賞識。我常懷疑勃克夫人在新大陸出版界的成功與這很有關係。並不全在好奇的滿足，乃是她能獲得她所安排下的美的效果。她的讀者在等候她的「刺戟」，而供給她所要的反應。他們沒有不馴的想像去由王龍往別人身上跳。如同「虎骨酒」（見沙年革命者頁四）給一個中國人也不過是一瓶貼了紅封條的專治跌打損傷跑江湖的弄來騙手的藥酒而已。但給一個外國人，僅僅『虎骨』已足夠感出一種壯健來了。

事實上，善於製作動人名詞的中國裏，只要把某些地方名稱譯出來，已夠使許多不見世面的外國人忘形的了。把虎門譯成 Tiger Gate 會令人感出一種森嚴到不可接近的地步——而事實上是異國軍艦出入自如。曾給歐美來華的旅客充過翻譯的會記得當他把『排雲殿』按字譯出時，聽者是多麽悠然飄逸。

每天黎明由西苑軍營中吹給我的早操起床號音，落在我心膜上的反應比在一個兵心上就深沉多了。

所以梅蘭芳渡美後，太平洋學會的 Pacific Affairs 主編人 Elizebath Green 女士，在寫給中國評論週報的印象記裏好像曾說：『憑梅他的感覺多麽敏捷，多麽熟悉他自己今番的成功，他不會懂得他感印敝國人們的深度。』這自然是句實在話，不用懷疑，他們感動了，就因爲他們「不懂」。

爲了熟，爲了實用，使我們不能深切地接近藝術。我們若想改善這困難，不在避免已有的阻礙，而在創出一個新的能力——即是訓練我們神經的對美的反應，保持住自己和藝術品的距離。在欣賞那刹那，排除與美無關的奔馳。聽說美克安琪羅在殺人的時候，曾拿着小册子去寫罪犯恐怖的狀態。他冷冷的不起一點憫憐，在旁人看去有些不近人情，但卻是保持距離的好例。

文字的繪畫

文字是顏料。每個文字繪畫者在把筆尖點在紙上那刻，他心智的慧眼前已鋪出一幅連環圖畫，帶着聲音和氛圍隨着想像的輪無止息地旋轉。繪畫者的本領在調勻適當的顏色，把這圖畫以經濟而有力的手法翻移到紙上去。一個讀者的義務不止在過目，而應當滲上自己的想像把這些色的符號吸進心籠，消化，湊成一幅整的圖畫。當這幅圖畫已翻印到讀者的心上之後，紙上的畫卽辦完了他的公，在這讀者身上，也就失了牠的效。如果讀者把符號當符號等閑讀去，那是他的錯。如果讀者曾努力採吸一切符號，而映在心版上的不成其一幅圖畫，那該是作者的失敗。

因爲這些心的圖畫寫的不只是靜物，風景，肖像，所以在表現的手腕上也不都如一般染色圖畫那麽顯然。有的，滿紙上只橫了一道黑線，那許是靈魂投的暗影。有的，只冒了幾把火苗，那許是情感的迸發。甚而有時整幅塗了如達達派的圈線點條，那說不定是理性的地圖。

想用文字繪畫的表現在「喻擬文辭」(Figurative language)上來得特別顯明。一個盤桓在文字圈裏的人如優遊在美術的宮裏。這些喻擬文字像鑲在每幀巨畫上，爲解釋各部分而繪的小畫。連這些特別耀眼的小畫也還被鑑賞者漠視。

這也不能怪鑑賞者們呵？印了文藝復興時代傑作的月份牌倘且奪滅了原作品的色彩。事情是壞在一般沒出息的油漆匠身上了。他們不肯去尋找新的畫料，只把現成的精作小畫胡亂鈔在壁端屋角。以至，這些畫在屋角塵埃中發現次數愈多，也就愈爲鑑賞家所不屑。直到最後，文字革命者樹了『不用典』的旗子，塗去了一切新屋角的舊畫。

從此，這些文字的繪畫堆在『成語字彙』裏，散在『詩韻合璧』的頂楣上，供給油漆匠們的追悼，遭着革命者的鄙視。

但，這是千古一椿寃案呢！寃在沒有人再去估量那些文字繪畫本身的藝術價值了。

一個既不會畫，對這些舊畫又沒有多少認識，因而也沒有多少成見的生客，偶然在幾家屋角曾見了一些爲人所不恥的小畫。這偶然勁兒在我眼上罩了層新鮮的冰紗。背着手，忘了脖子的酸，竟看得出神了。朦朧中，我看出稀世的圖畫來。

有着浪漫派作風的水彩畫如『萍水相逢』『鶯啼燕語』自然還多少帶點俗氣。但想想看，形容人們邂逅的偶然性還有再比水和萍再恰當的嗎？這畫家要在溪畔立過多久，守着一片片的萍，不在意地和水皮相逢。在他出神那刻，聯想神祕的線，竟把他牽到抽象的世界裏，由當前的萍和水想到人與人之間的偶然性。這關係確是遼遠而稀薄，惟其如此，纔需要深刻的觀察和豐富的想像。

古典派濃重莊嚴的油畫，特別是有着歷史背景的一向被列在打倒的前行。但讀到『龍驤虎視』或『四面楚歌』時，我又被吸住了。誇大的天性在得意和失意時節似乎特別來得強。如果龍虎在中國人的心中已留夠了壯大的印象，這我毫不懷疑，那麼利用這已存的印象來描寫一種雄姿的文字畫家的確表現出他超人的聰明。一個挨了學生的恨怨，接了校長的警告，受了軍警監視的教書匠在悲傷之餘，能抑得住不回憶困在垓下的同志嗎？這自然表現了人類好和英雄比擬的劣根性，但由這一跳跳回兩千年回憶的翅膀不偏不斜剛好落在這麼個地方不是件容易的事。如果鑑賞者有着誠意，足可以聽到遠地勝利的笑聲反映着失意英雄陣陣的咬牙切齒呢。

個人的經驗不同，所以畫風也自各異。對日常瑣碎生活多下觀察的人畫時就並不引用曠古的題材。只在觀察中，提到事實的輪廓，將特點以淡閑的筆法描出。是速寫，是白描，因而遭到成見的賞鑑者指爲平凡淺薄的批評。等待的神情被畫作『延頸企踵。』這簡單動作伸長了期待的心，翹高了忍耐的脚跟。

如具有白描的手腕，再加上一份逗笑的本領時，就會成爲漫畫。如一切漫畫，譏諷免不掉，誇大也是當然，誇大畫家該挨寫實家的嘴巴，該受邏輯家的侮駡。但淡泊的人類只有誇大的畫術纔能在他心版上留下影子。人們大體也愛誇大。一個邏輯家在囑咐你別把大前提弄錯時也少不了加上『千萬。』顯然地人類感官多是太笨麻，所以力若不『大如牛，』總覺不出力的大來。一個漫畫家就利用這點賦予藝術家的特權，在畫一個驕傲者的時節就繪成『腹大如鼓。』不必須的嚴重是『對牛彈琴』。一個無用的人是『酒囊飯袋。』一個欺騙的行爲是『指山賣磨，』僞善者是『貓哭耗子。』這些，在哂笑中，都有着相當童心的表現。

以同樣簡潔的筆法，用寓言家的情調，帶着教訓的願望就成了一種插畫——是的，插在宇宙這本厚書裏，按頁地詮釋人生的諸方面。無益的企圖是『羊撞籬笆，』錯過了機遇或事後的鋪張是『賊去關門。』謹慎言談被警告作『隔牆有耳。』利害攸關是『唇亡齒寒。』這些明顯的圖畫中各表現着極切實的教訓。用寥寥四個字畫出一幀極動人而了然的圖畫，每畫還各有着一個人生的教訓，每個教訓還不受空間時間的束縛，這需要一個九十老叟的經驗，一個年青人的想像，和一個慣說故事人的本領。

擬喻文辭中最常見的一類是有着印象派的作風的。一個街景，在我們肉眼前有男人女人，拉車的，趕腳的，賣糖葫蘆的換取燈兒的，電車馬車蓬子車。但肉眼闔上後，印在心板上的卻只是『肩摩轂擊。』一個失意的人在文字畫家朦朧的眼中是『丟盔撩甲。』陰險的心腸慈善的面孔是『笑裏藏刀。』一個削瘦的人是『鵠面菜色。』輕而易舉的事是『易如反掌。』要多麼敏銳的感覺纔能由天天反的手掌的動作中體驗出事情的易爲性來。

用一種特殊的局勢表現力的感覺的圖畫在擬喻文辭中也不缺少。地震是畫成『地牛轉肩』。貪心是『如蛇呑象。』危險是『懸崖勒馬。』堅強的意志是『斬釘截鐵。』我們看見了粗壯臂筋上閃閃的汗光，看見了狂奔到崖邊的駿馬。如果太認真了，這剛固的表現足可以震斷了體質脆弱者的神經。——但我看見過如花的閨秀微笑着讀這類的畫。可見這圖畫是在什麼心情下讀的了。

用明晰的線條構成一種確定的形式是近於立體派的，看多麼清楚的一件事——『立杆見影。』多麼負責任的人——『一手托天。』多麼熱鬧的地方——『輻輳之區。』

着重陰陽影色的勻調，予人以平淡舒坦印象的，像靜物。如果配置的再機械一點，則近於圖案畫了。在『天對地』『日對月』傳統反應的民族裏，畫的圖案化原是極自然的事。春天是『花紅柳綠，』空虛是『鏡花水月，』相思是『月落屋梁，』偽善者是『佛口蛇心，』漂泊到『天涯海角』。危險地帶是『龍潭虎穴，』結婚是『龍鳳呈祥。』

以淺薄的眼光來分析並無派別的圖畫原是滑稽的事。不過人類一切本能原是共有的。每一個派別的極端是某種本能的特別發展。古人不曾發表宣言，他們卻賦有同樣的本能。一個極明瞭羊的五臟如屠夫的人纔能懂得羊腸的蜿蜒法，這步是容易的；一個經了幾多滄桑的人纔懂得人世的屈折，這也不難作到；要把人間想成『世路，』並且聯想到羊腸上，卻需要相當的聰明。物質界和精神界似乎並不隔膜。進而甚至可以說彼此溝通着，所以『甜』味纔能和『快樂』相吻，『苦』味能和『艱難』融合。獅子的確可以比一個勇士，綿羊也確有良善人的美德。自然，沒有人敢叫勇士一聲『獅子！』如果你的意思是四足獸也沒有人忍心把一個忠厚溫善的人降成綿羊。但是獅子和綿羊都各有着和人類在『質』上的相同處，這點同，形而上的同要藝術的眼纔看得出。

沒有人迂腐到想復文字的古，主張用典。但中國文字中已蓄了若干美的辭句。習用（Frequency）是一切美的文字的破壞者。因襲用而被破壞的文字需要一個公正的結束。只要這種在現實與精神界飄忽的本能存在，用擬喻文字表現內心一切的傾向必仍繼續。甚而許多文學的本身就是擬喻，像班揚的天路歷程（Pilgram's Progress），梅特琳克的青鳥，屈原的離騷。文章並不一定都穿衣裳。但穿衣裳的趨勢還盛——特別在詩壇上。